ウソツキ

惑星 TOKYO

OFFICIAL SCORE BOOK

SHUCHISHA

Vocal, Guitar
Masakazu Takeda

Guitar
Kenji Yoshida

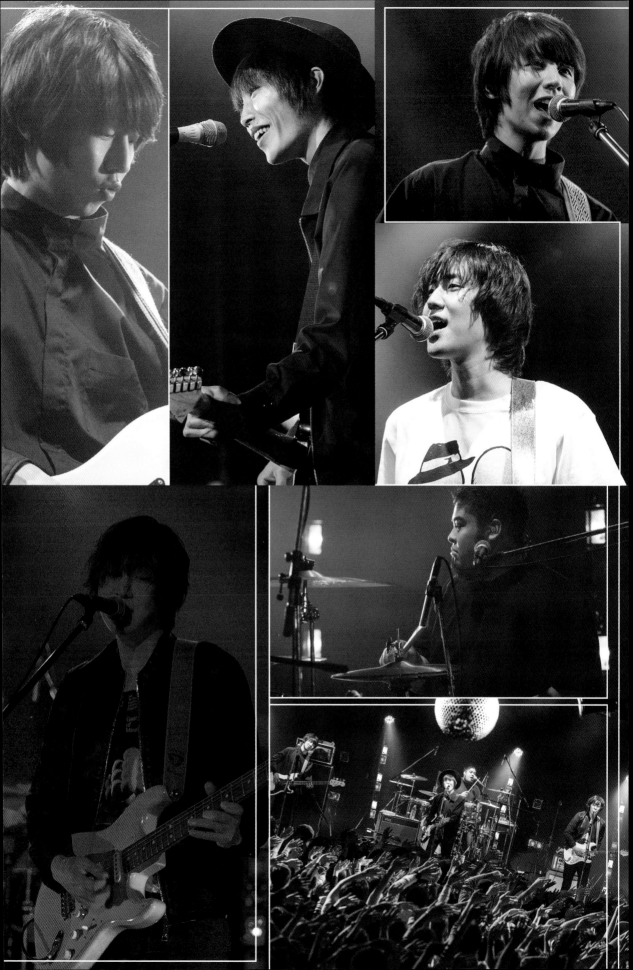

甘口カレー対談

Today's Specials are
★ Interviews with Seniors ★

ウソツキの4人が、それぞれバンドマンの先輩を招いて対談。
音楽について、バンドについて語り合いました。
「先輩！お手柔らかにお願いします!!」

和田 唱 TRICERATOPS /（Vo/Gt）		**竹田 昌和** USOTSUKI /（Vo/Gt）
真鍋 吉明 the pillows /（Gt）	★	**吉田 健二** USOTSUKI /（Gt）
武田 祐介 RADWIMPS /（Ba）	★	**藤井 浩太** USOTSUKI /（Ba）
かみじょうちひろ 9mm Parabellum Bullet /（Dr）	★	**林山 拓斗** USOTSUKI /（Dr）

TRICERATOPS / 和田唱（Vo/Gt）× 竹田昌和

お互いの音楽について、歌詞について、レコードについて。そしてウソツキ竹田の敬愛するフジファブリックについて、レアなトークが繰り広げられました。（取材・文＝柴 那典）

わけのわからない自信の周りを
漠然とした不安が囲んでるような感じです（竹田）

何を言われても、ありのままやればいい（和田）

──お二人は今回が初対面なんですよね。
和田：初めてです。
竹田：よろしくお願いします！
──二人の共通点としては、まず木崎（賢治）さんという同じプロデューサーの方と一緒に音楽制作をしているというところにあるそうですが。
和田：そうなんですよ。何年目なの？
竹田：僕はインディーズでデビューしたのが去年の６月です。
和田：俺らはもう長いからね。20年くらい一緒にやってるから。
──和田さんが最初に音源を作り始めた頃って、どんな感じでした？
和田：いや、もうワクワクしましたね。「ようやく俺の時代がくる！」みたいな感じというか。ようやく自分にとっての楽しい時代が始まるんだ、みたいな感じでしたね。
──なるほどね。同じ質問をしようと思うんですけれど。どうですか、竹田さん。
竹田：ああ、僕の中ではまさに現在進行形です。でも、あんまり強く言えないんですけど、わけのわからない自信はある感じですね。
和田：そうだよね。
竹田：でも、不安もあって。わけのわからない自信の周りを漠然とした不安が囲んでるような感じなんです。
和田：僕の場合は「どうだ！こんなの作ったぞ！」って自信満々にリリースしたものが世間から評価された時に、自分の理想と違ってびっくりしたことはありましたけどね。こういう風に伝えたかったのに、全然違う風にとらえられてたぞって。伝わってほしいところがあんまり伝わってなくて、そうじゃないところがクローズアップされてるなって。
──それはインディーズの頃？
和田：メジャーデビューしてからですね。僕らのヴィジュアル的な雰囲気もあって、あんまりロックに思われなかった。そこでネガティブなムードに支配されちゃった時があって。若かったからですね。今だったら「好きに言っとけ」って思えるんですけど、あの頃はあらゆる意見に左右されちゃって。ネガティブなムードに支配されちゃったことは否めない。
竹田：僕らも、それはちょっと不安です。
和田：大丈夫だよ。何を言われても、ありのままやればいい。今は自分たちもそうすればよかったって思うから。まあ、いろいろあって今なので結果オーライなんですけど。だから不安になることはないんじゃないかな。
竹田：ありがとうございます！

《二番を歌ってる》っていうのは、今はもうくるくる回ってなくて進んでるんだよっていうことを言いたかった（和田）

繰り返しの憂鬱っていうテーマで悩んでたんです。
だから、和田さんのあの歌詞は発明だなって思いました（竹田）

──お互いの作品は聴かれました？
和田：ミニアルバム（『新木場発、銀河鉄道は行く。』）、聴きましたよ。聴いてくれた？
竹田：ありがとうございます。アルバム（『SONGS FOR THE STARLIGHT』）聴きました。
──どうでした、竹田さんは？
竹田：最後の"ふたつの窓"という曲がすごく好きです。《随分いろいろあったよなぁ　お互い成長したもんさ》と歌っていて。その曲はサウンドも昔のトライセラみたいな感じになっていて。その瞬間、なんか泣きそうになったんですよね。
和田：ありがとう。そうなんだ。
──そういういろいろな時を経てきたことを歌う曲に共感した、と。
竹田：僕、今回のアルバムの"時空間旅行代理時計"っていう曲で過去を振り返るということをテーマにしていて。戻りたいとか戻りたくないとか、そのような葛藤みたいなのをいろいろ書いたんです。そういう意味では、どこか通じあってる気がします。あと、"虹色のレコード"に《ちゃんと歌詞は二番を歌ってるよ》っていう歌詞がありますよね。あの歌詞はちょっとすごいなって思います。
和田：ありがとう。あれを聴いた人に「どういう意味ですか？」ってけっこう言われて。ああ、意外と通じないんだなと思ったんだけど。竹田くん、さすがだね。
竹田：いやいや（笑）。
和田：ほんと、それが伝わってくれてよかった。《二番を歌ってる》っていうのは、今はもうくるくる回ってなくて進んでるんだよっていうことを言いたかったから。
竹田：まさに、僕も最初のミニアルバムで"ダル・セニョールの憂鬱"っていう曲を書いたんですけど、やっぱり繰り返しの憂鬱っていうテーマで悩んでたんです。だから、和田さんのあの歌詞は発明だなって思いました。
和田：ありがとう。発明か、嬉しいな、そういう風に言ってもらって。あれはレコードに喩えて歌ってるので……ところで、レコードじゃなかったでしょ、時代は。
竹田：僕はカセットがギリギリです。レコードは見たことないし、家にもなくて。文献では読んでたんですけど。
和田：あはは。文献で（笑）。じゃあリアルには触れたこともなかったんだ。
竹田：触れたことはいまだにないです。
和田：えぇ〜！これが89年生まれと75年生まれの違いだ。いや、俺らは、まだギリギリでレコードだったから。

竹田：今も普段からレコードを聴いてるんですか？

和田：そうそう、結構買い集めてるよ。CDが出てくる前のものって、なるべくレコードで聴いたほうがいいんじゃないかなって思って。プレイヤーとスピーカーもちゃんと、それなりに古いやつを使ってる。自分より年上のね。最近のCDとかもそのシステムを通して聴いてるんだよね。なんかそういうミクスチャー感覚みたいなのがすごい好きなんで。

──ミクスチャー感覚？

和田：古いものと新しいものが融合されてる感じが個人的に好きなんだよね。古い機材を揃えてるからって別に古いレコードばっかり聴いてるわけじゃなくて、最新のCDもそのシステムで聴くっていう、その感じが好きなの。

竹田：古いスピーカーでハイレゾ聴くみたいな感じですかね。

和田：まさにそういうこと。それは音楽でもそうで、俺はミックスしちゃうんだよね。たとえばロカビリーは好きだけれど、リーゼントしてキャデラック乗ってグレッチ持ってという感じにはしない。好きなものっていろんなところに散らばってると思うんだよね。

──竹田さんが音楽にのめり込んだのは？

竹田：僕の場合、音楽を聴き始めたのが遅くて。高校2年生なんですよ。それまで音楽は、無意識に入ってくるものしかなくて。中学生ぐらいになるとみんなMP3プレイヤーを持ってたんですけど、でも僕はそこまで興味がなかったので、ウォークマンならなんでもいいだろうと思って、カセットウォークマンを買ったんです。でも、そこにはチェッカーズとマイケル・ジャクソンしか入ってなかった。

──え、そうなの？

竹田：それ以外は聴かないっていう感じでした。

和田：それはなんで？　なんでマイケルとチェッカーズなの？　お母さんが好きだったのかな。

竹田：そうなんですよ(笑)。

和田：なるほどね。確かに、俺の上の世代のお姉さんたちが好きだったのがやっぱりチェッカーズとマイケルだった。学校でもちょっとマセたというか、ちょっとそういう大人っぽい女の子はチェッカーズだった。

竹田：大人っぽくない人は何だったんですか？

和田：みんな光GENJIだったの。ちょっと大人びてる子がチェッカーズ。で、俺はマイケルだったの。マイケル・ジャクソンをずっと小学校の時に聴いてたな。

──子供の頃に聴いてるマイケルと、今聴き直すマイケルって聴き方変わりますよね。

竹田：そうなんですよ。『オフ・ザ・ウォール』を聴くと、本当に音がよくて。

和田：『オフ・ザ・ウォール』は、リマスターされているCDでも充分音がいいんだけど、レコードで聴くと温かみがあってまたいいんだよ。柔らかさもあるし、独特の良さがある。

竹田：なんでそんなに音がいいんですか？

和田：79年ってちょうどアナログ録音がピークに進化してたぐらいの時代で、80年代に入ると、時代がデジタルになっていくんですよ。だから75年から79年ぐらいまでのレコードって音がすごくいいんです。

現代の人は基本的にきっちりしてるのかもしれないです。でも、その中にも毒がないと引っかからない（竹田）

当たり障りのないことで成り立ってる曲が世の中多すぎる（和田）

──和田さんはウソツキのミニアルバムも聴いたんですよね。

竹田：どうだったでしょうか？

和田：いや、あのね……俺はあれが好きだったよ。歌詞に花火が出てくる曲。

竹田：ああ、ありがとうございます。"綿飴とりんご飴"ですね。

和田：俺が思ったのは、まだ3年目なのと、やっぱり完成度が高いことですね。俺、そんなの何も考えずにやってたから。なんとなく良けりゃいいや、ぐらいの感じだった。だから、やっぱり明らかに完成度が高いと思ったね。歌ひとつとってもね。なんであんなにちゃんとしてるの？

竹田：現代の人は基本的にきっちりしてるのかもしれないです(笑)。

和田：俺、もっとルーズだったよ。でも最近は逆にきっちりしてるほうが気持ちいいんだけど。

竹田：みんなきっちりしてると思うんです。僕が作ってるのもそうだし。でも、その中にも毒がないと引っかからない。

和田：いやいや、毒もあったよ。歌詞に《汗臭い》とか入れてくるじゃん。ああいうところもいいと思った。ぐっとくるよね。俺もこういうこと言わなきゃと思った。《汗臭い匂いを抱きしめて離さない》っていうのは、ああ、俺は今までこれは書けなかったなと思ってね。

竹田：ありがとうございます。

和田：ほんとにね。そういう冒険をしたいなと思う。臭いって言葉って、ポップスに入れにくいじゃん。でもそれを入れる勇気があってもいい。例えばカレーは歌にはなりやすいよね。でも、例えば……。

竹田：豚まんはなりづらいですね。

和田：でしょ？　そういう歌を書きたい。

竹田：書きたいですね。

和田：そうそう、それをほんとに感動させる歌に聴かせることができたら、もう無敵だと思うんだよね。やっぱり、当たり障りのないことで成り立ってる曲が世の中多すぎるんで。

和田さんを知ったのが「フジフジ富士Q」というイベント（竹田）

志村くんと、お互いにどうにもなんない恋バナをしてた（和田）

――竹田さんはどういうきっかけでトライセラトップスを聴くようになったんですか？

竹田：僕、昔からずっとトライセラを知ってたわけじゃないんです。でも今の和田さんがすごく好きで。

和田：ありがとう。いやいや、嬉しいよ。

竹田：実は和田さんを知ったのが「フジフジ富士Q」というイベントだったんです。

和田：あ、あれ来てたの？

竹田：行きました。僕、ずっとフジファブリックを好きだったんで。そのライヴで初めて和田さんが歌うのを観たんですね。そこからフジファブリックの交友関係を調べて、トライセラトップスのことを知って。

和田：そうなんだ。志村くんに会ったことは？

竹田：会ったことはないです。

和田：そっか……。実はね、フジファブリックには前に俺らのイベントに出てもらったこともあって。志村くんが俺らの中に入って"Raspberry"を一緒にやったこともあるんだよ。公には出てないんだけど、俺、ある人にDVD-R焼いてもらって持ってるんだ。志村くん、よく電話かかってきたんだよ。わけのわかんない電話が(笑)。

竹田：ほんとですか？

和田：うん。今思うともっと一緒に飲みに行ったりすればよかったなと思う。誘ってくれてたんだけど、タイミングが合わなくて、あんまり行けなくて。恋愛話してたんですよ。

竹田：恋バナをしてたんですね。

和田：恋バナだったね。志村くんと、お互いにどうにもなんない恋バナをしてた。

――そんなことがあったんですね。

和田：そうそう、俺、志村くんとデュエットを念頭に置いて作った曲があるんだよ。

竹田：そうなんですか！タイトルは何て言う曲なんですか？

和田：これが歌詞を作るっていうところまでいってなくて。曲先で、メロディだけはわりとちゃんと作ったの。いずれ一緒に歌いたいなと思ってたんだよね。でも、そのままになってる。それに歌詞をつけて、自分ひとりで歌おうっていう気にもなんなくて。かといって総くんとデュエットするのも違うでしょ。

竹田：じゃあ奥田民生さんとデュエットするとか、どうですか？それだったら志村さんも納得するんじゃないかと思います。完全なリスナー目線ですけど(笑)。

和田：あ、それいいね。そうしようかな(笑)。でもあの時、来てたんだね。あれはいいイベントだったよ、すごく。

竹田：あんなに慕われてるんだなって、僕も初めて知ったんです。

――じゃあ、最後に。和田さんからウソツキへのエールというか、こういう風に頑張ってほしいなっていうのを訊ければ。

本当に言ったら叶うんだよ。言葉って威力があるから（和田）
大きな夢ですけど、グラミー賞を獲りたいですね（竹田）

和田：そうだなあ……音楽家としての自分の夢ってどう？

竹田：僕は"さとり世代"って言われてたので、あんまり夢を持たなかったんです。自分に期待をしないというか。でも、CDをリリースするなんて思ってなかったんですけれど、それを言ったらちゃんと音源をリリースすることができたので。言ったら叶うんじゃないかと思うようになって。

和田：そうそう！本当に言ったら叶うんだよ。言葉って威力があるから。いいことも、悪いことも、叶っちゃう。

竹田：言っていこうと思うんです。だから、大きな夢ですけど、グラミー賞を獲りたいですね。叶っちゃうかな。

和田：いいね！獲りたいじゃなくて「獲れた」ぐらいの気持ちでいるといいんだよ。

竹田：「獲れた」って言ったらウソじゃないですか（笑）。

和田：アメリカの研究でもうわかってるらしいんですよ。会議とかプレゼンの前に「今日は大成功だった！」って最初に宣言してからやるとだいたい成功する。脳にウソをついちゃうと、だいたい脳がその通りに進めてくれる。

竹田：そうなんですね。

和田：そうそう。未来を予約していこう、ってことですよ。

GOCHISOUSAMA

Message

Album『惑星TOKYO』を聴いて
俺はセカンドアルバムにして、このサウンドとアレンジと歌詞の世界には辿り着けなかったぞ！生意気な奴め...いいぞ、このまま突っ走ってくれ！
追伸「どうかremember me」、ウルっと来ました。
和田唱（TRICERATOPS）

Profile

和田唱（わだ・しょう）

東京生まれ。TRICERATOPSのボーカル、ギター、作詞作曲も担当。ポジティブなリリックとリフを基調とした楽曲、良質なメロディセンスとライブで培った圧倒的な演奏力が、国内屈指の3ピースロックバンドとして評価されている。SMAP、藤井フミヤ、松たか子、Kis-My-Ft2、SCANDALなどへの作品提供も多数。

※この対談は2015年に行われました。

the pillows / 真鍋吉明（Gt）× 吉田健二

二人のギターのルーツについて、楽器や機材について、ギタリストならではの、かなりディープでマニアックなトークをお届けします。（取材・文＝柴那典）

単純にギタリストとして成長するためにアドバイスを（吉田）

あんだけギターが弾けるんなら、長くやればいい。そして、守る価値のあるバンドになってほしい（真鍋）

——もともと吉田さんはピロウズを聴いて育ってきたんですよね?

吉田：はい。中学生か高校生くらいに聴きはじめました。最初のきっかけは、『SYNCHRONIZED ROCKERS』っていうトリビュートのアルバムだったんです。BUMP OF CHICKENとかELLEGARDENが参加していたことから知って。で、「本家はどういう曲なんだろう」って聴き始めて。それで、すごく突破力というか、力強い曲が本当にあるなと思って。そこがきっかけですね。

——ライヴも観にいってました?

吉田：はい。

——でも、二人がお会いするのは今日が初めて。

真鍋：初めてなんです。

吉田：バンドとしてちゃんと活動するようになったのが、ここ1、2年の話なので。本当にありがたい話です。

真鍋：健二くんがさ、この前のピロウズのツアーのファイナルに来るって聞いてたんだよ。で、事務所の人に「じゃあ終わったから、連れてきてよ」って言ったら、影も形もなくて。「ん? 帰ってしまったのか」って（笑）。

吉田：本当にすいません!

真鍋：打ち上げに連れていって、朝まで連れ回そうと思ってたのに（笑）。

——真鍋さんは、そうやって下の世代と知り合うことはたくさんあります?

真鍋：多いですね。特にやっぱりギタリスト、若い子に「ピロウズが好きだ」とか「私のようなギターが好きだ」と言ってくれたら、やっぱり正直かわいがっちゃうし、面倒見たい。ただ、ギタリストなんで、あんまり群れないスタンスの人たちも多い。ギタリストっぽい関係性だなと思いますね。

——ギタリストっぽい関係性というと?

真鍋：やっぱり、ドラマーとかベーシストはつるんで飲むんですよ。ドラム飲み会とかベース飲み会とかもあって。でも、ギタリスト飲み会はあんまりない。ギタリストは自分の世界を持ってる人が多いんです。他人の領域を侵食しない感じですね。あとは、真面目な子が多い。ギターの話とか機材の話とかするんだよ。みんな楽器を持ってきて、弾きだしたりしてね。それもギタリストっぽいかなと思って。そういう出会いも嬉しいし、今度は健二くんも良かったらその異質な空間にぶち込んでみようかと（笑）。

吉田：是非参加させてください（笑）。

真鍋：ギタリストって、そんなにグイグイ行かないじゃない。

吉田：そうですね。

真鍋：だから逆に、居心地はいいんじゃないかなって思うけど。

吉田：僕もギターとか機材のこと語りたがると思います。好きなので。

真鍋：好きなんだ。

吉田：はい。

真鍋：じゃあ楽しみだ（笑）。

吉田：よく、真鍋さんの機材の解説動画とか見てるんです。

真鍋：マジで? まあ、エフェクターの話って尽きないからね。面白いしね。ギタリストならではの話なんだよね。

入り口は夏休みの暇つぶしとエリック・クラプトンだった（吉田）

——この対談はギタリスト対談なんで、マニアックな話も全然アリでいこうと思うんです。

真鍋：読んでる人を置いてきぼりにしちゃいそうだけどね。

吉田：僕としてはもう、ただ単純に自分が今後ギタリストとして成長するために、アドバイスを聞きたいっていうのがあって。

——それを是非ぶつけていただければ。

吉田：はい。じゃあ……あの、真鍋さんのギターのルーツはどういうところにあるんですか?

真鍋：まず、本当のスタートはハードロックだったんだよね。レッド・ツェッペリン、ディープ・パープルだった。ただ、やっぱりパンク・ロックが出てきた世代で。これは格好いいなと思った。それまではギターのテクニックが一番重要だったんだけれども、パンク・ロックはファッションも含めて、ライフスタイルがすごく格好よくて。「パンクバンド始めなきゃ」と思って始めたんだよね。その時までは結構ギターが弾けてたのね。でも、パンクバンドをやったら何かしっくりこなくて。それは俺が上手いせいだと思って（笑）、練習をやめたの。その結果すごく下手になって、「これはヤバいぞ」ということになって、「やっぱり練習はしなきゃダメだ」と思って（笑）。そこから時代が変わっていって、ポリスとかU2とか、どんどん面白いギタリストが時代を作っていく時代になったので、そういうパンク・ロック以降のギタリスト、ギターで音楽を構築していくようなバンドに影響を受けた。初めて憧れたギタリストは誰だった?

吉田：僕は、親父がギターを持っていて。で、僕、すごく退屈な少年だったんですけど、親父がエリック・クラプトンのDVDを流してたんです、家で。で、「ふーん」と思って、「暇だしちょっとやってみるか」って言って始めたっていうきっかけなんですよ。

真鍋：入り口がクラプトンなんだ（笑）。

吉田：そうです、入り口が夏休みの暇つぶしとクラプトンっていう。でも、そうやって音楽を聞いていくうちに、自分の好きなギタリストを見てみると、みんなブルースとかチョーキングとか、そういうのを多用しているギタリストだったんです。その好きなギタリストの中に真鍋さんもいて。

真鍋：ありがとう（笑）。

吉田：真鍋さんは15周年の頃にムスタングを使ってたじゃないですか。あれ、フェンダー・ジャパンのムスタングなんですよね。

真鍋：うん、そうだね。使ってた。

吉田：僕、その時「マジか?」って思いまして。「あれであの音が出るの?!」って思って、高校生でバイトして楽器屋さんに行ってフェンダー・ジャパンのムスタングを買ったんです。でも、弾いたら「あれ? しょぼい!」ってなって。

真鍋：そう、しょぼいんだ、あのギターは（笑）。

吉田：「あの音が出ない!」と思って。「Ride on shooting star」とかやってたんです。「あれ?」って。

真鍋：ムスタングは弾きにくいギターだし、ピッチもやっぱり良くないじゃない。すごい大変だったんだよね。でも、「Ride on shooting star」をレコーディングする日に、早く目が覚めて楽器屋にいったらあれと出会っちゃって。「じゃあ今日はこれでレコーディングしてみようかな」と思って買ったんだ。っていうのは、いいギターって出力が高いじゃないですか。なので、俺は、ファズ使いだったんだよその頃は。ビッグマフをUSAもロシアも使ってたので。出力が少ないギターの方が、ファズの乗りがいいんじゃねえかなと思って。

吉田：低音が潰れていく感じがありますよね。

真鍋：そう、ブーミーになっちゃうから。だから、ムスタングいいんじゃね?って弾いたけど、やっぱりダメかもって断念しかけて。ただ、自分の中では「いいギターを使っていい音を出すのは当たり前だろ」っていうのがあって。そうじゃなくて、キッズが使ってるようなギターを使って「俺はこんだけの音を出してるぜ」っていうのにチャレンジしてみたかった時期なんだと思う。もちろん値段の高いビンテージのギターも素晴らしい音はするんだよ。それは当たり前なんだけど、あの頃はジャンクなギターとかB級のギターを使いたいと思って。その後やっぱりいいギター使うになったけどね。

吉田：素晴らしい音でした。

真鍋：ただ、一つ悟ったのは、やっぱりファズを使うとボーカリストが困っちゃうんだよね。歌いにくいんだ。

吉田：でも「ハイブリッド レインボウ」だって、ガッツリ使ってますよね。

真鍋：ガッツリ使ってるけど、かなりEQしてるのよ。だから、俺はエンジニアリングもやるから、山中のボーカルの特性を周波数で全部割り出して、自分のギターの帯域も割り出して、邪魔しないポイントを全部計算づくでEQしてるんだ。とにかく、本当は自分の好きな音を作っちゃった方がいいんだけど、やっぱりファズだとボーカリストが歌いにくい。どのバンドのギタリストもそこでジレンマを感じてるよね。

吉田：ピロウズは、そこを力技でさわおさんが歌ってるんだと思ってました。

真鍋：実は緻密にEQをしてるんだ。気持ちよく歌わせてあげたいと思うし。でも自分としてもギタリストのエゴはあるし、ガツンと行きたいなと思うところもある。だからかなり研究した。ギターの音作りもボーカルを邪魔しないようにしてね。

吉田：それ、本当にすごいですね。その時期からもうずっとそうしてるんですか?

真鍋：やっぱり、必要に迫られてだと思う。ピロウズが「Ride on shooting star」を出す前の時期っていうのは、もうちょっとジャジーなテイストの時期があって。その時は自分のギタリストのエゴがすごかったの。ちゃんとギターでも主張したかった。でも、それじゃバンドとしての瞬発力には繋がっていかなかった。そこで考え方を変えたんだよね。歌を前面に出すギターにシフトチェンジしたら、結果も変わってきた。でもその時はやっぱり、私も若かったんでギタリストのエゴがすごくあったんだよね。その頃はスミスのジョニー・マーが好きで。ああいう風に歌の後ろで常にフレーズを弾いているようなギターにしたかった。でも、日本のマーケットではそういうギターがまだ受け入れられない時代だった。そういうところで苦戦した記憶があるね。

——吉田さんはさっきチョーキングを多用してるようなギタリストが好きだって言ってましたけど、他にはどんな人が?

吉田：Do As Infinity の大渡 亮さんとか、その時期好きだった。あと、今はジョン・メイヤーが大好きなんですよ。

真鍋：おお。あの人は上手いね。ちょっと桁違いだね。でも、ウソツキのCDを聴かせていただいたんですけど、ちょっとスモーキーな声とか、ちょっとジョン・メイヤーっぽいよね。

吉田：ありがとうございます。

真鍋：でも、健二くんのスタイルはどっちかっていうとUKっぽいかな。俺はそういう印象をすごく受けた。

吉田：ブルーノートというものが、あんまりバンドに求められてなくて。

真鍋：同じ同じ(笑)。よくわかる。

吉田：普段はブルースばっかり弾いてるんですけどね。

真鍋：ウソツキのギターは、ミックスの時にコンプかけてるの? 足元ですでにコンプかけてるの?

吉田：足元では全くかけてないです。

真鍋：かけてないんだ。ぴったりリミットしてるから、ミックスの方でコンプてるんだ。すごくプロダクションされたギタースタイルだなと思ってたんだけど。帯域もぴっちりしてるし。これは相当きっちり作りこんだ音なんじゃないかなと。ギターは何使ってるの?

吉田：あのレコーディングの時は、Sugiっていう日本のメーカーで作ってあるキターで。すごく抜けが良いというか、いい感じなんです。テレキャスみたいなボディに、ストラトみたいなアームがついて、ピックアップはフロントがテレキャスターでリアがハムみたいな。あべこべのギターです。

真鍋：なるほど。面白いね。

吉田：すごく聴こえやすくてよかったんですけど、次の目標としては、太い音にしたくて、ストラトキャスターを新調しまして、そのSugiとストラトで今頑張ってるところです。

真鍋：ジョン・メイヤーに行っちゃった方がいいな(笑)。

バンド名が「アルデンテ」になりそうだった（真鍋）

——プロダクションされたギタースタイルって先ほど仰ってましたが、どういう印象を抱いたんですか?

真鍋：アマチュアだと、ドラムもベースもボーカルもギターも全てが自己主張するんですよ。でも、ウソツキのギターは、出すとこは出して、引くとこは引いてる。それでいてちゃんと主張してる感じがあるんだよね。まあ、センスなんでしょうけど。バンド名のイメージとかなり違ったような気がします(笑)。

——バンド名からどんなイメージを?

真鍋：うーん。「ウソツキでしょ? 対談どうしようかな」って(笑)。

吉田：バンド名だけではそうですね。

真鍋：ただインパクトはもちろん大きいよね。

吉田：普段から耳にする言葉なんで、耳にするたびにウソツキのことを思い出せるんじゃないかなって僕は思ってるんですけど。

真鍋：そういえば、ピロウズのバンド名を決めたのは俺なんだよ。決める時の会議があって。ヤバいバンド名になりそうだったんですよ。しんちゃんが「アルデンテにしよう」って言って(笑)。アルデンテになりそうだった。そこで「いや、ヤバいな」と思って。で、たまたま俺は『ピロウズ&プレイヤーズ』っていうチェリー・レッドのアルバムがすごく好きで、たまたま家に飾ってたんだよ。パッと見て、「the pillowsって何かいいかも」って、みんなも「じゃ、それで行こう」って。

吉田：リードフレーズって、さわおさんと真鍋さんはどういう風に作られてるんですか?

真鍋：うーん、曲によるんだけど、とりあえずリハーサルで山中が新曲を持ってきた場合はほぼ弾き語り状態。彼は宅録も一切しないし、その場で作るのが好き。その時に俺はデータを一応録っとくのね。それを家に持ち帰って、自分の家のスタジオで、自分のギターを抜いたところから、一からギターを組み上げていく。あんまり宅録とかしないタイプ?

吉田：僕はギターの編曲とかするときは宅録ですね。

真鍋：ソフト何?

吉田：ロジックです。

真鍋：ロジックって、コスパ最強だと思うんだよ俺は。なんであんな値段であんなソフト作っちゃうかなって。自分はもうプロ・ツールスにお金をつぎ込んでた世代なんで、あれやられると困るなってくらい。自分がもし高校生だったら、普通にあれで十分やっていけたと思うな。

吉田：プロの方がみんなプロ・ツールス使ってるから、「やっぱり俺もプロ・ツールス」っていつかは思ってるんですよ。お金貯まったらプロ・ツールスにしようかなっていう。

真鍋：プロ・ツールスはね、虎の背に乗るようなもんだよ。

吉田：そうなんですか!?(笑)。

真鍋：1回乗ったら降りられない。虎がくたばるまで降りられない。ずーっとバージョンアップデートしてるから、その度に乗ってかなきゃなんないんで。大変だなー、虎の背に乗っちゃったなって思うよ。ただ、スタジオと自分の家がシームレスで作業できるのはやっぱり便利だなと思うけどね。

形になってる後ろには100トラックくらいボツテイクがある（真鍋）

吉田：リードフレーズをつける時って、どんな風にしてますか？歌との兼ね合いとか、そういうのを気にしながら弾いてるのか、それとも、もう勢いでダーっと弾いていくのか。

真鍋：勢いで弾いていたのが多分10年くらいあったし、それは初期衝動で格好いいなと思ってたんだけど。やっぱり自分の引き出しって限界があるじゃないですか。で、アルバムを10枚以上出した以降から、その勢いでやっていくと「これ前もやったよな」「これ前も使ってるよな」「この終わり方は前も使ってるな」って思うようになった。自分の好きなフレーズ、得意なフレーズってやっぱり限られてるから。そうなってくると、きっちりと構築しないとギターキッズに対して申し訳ないって思うようになって。やっぱり、いつも同じだと自分もつまらないし、どこで自分の引き出しを広げるかっていうのはものすごく考えてる。で、ロックにかぎらず、ブルースでもジャズでもクラシックでも、いい音楽はとにかく身に入れてる。

吉田：フレーズはどんな風に作ってるんですか？

真鍋：さあ、いざ新曲をやりましょうってなって、家に持って帰った時は、自分のギターをマイナスワンにして、空のままずっとループさせながらギターを触らないようにする。

吉田：全く触らないんですか？

真鍋：ギター弾くと癖が出ちゃうからね。なるべくギターを弾かない。それでも浮かばない時はピアノを弾いたりする。それでも浮かばない時は鼻歌とか、とにかくギターに触れないでいいフレーズが降りてくるまで、踊ったりとか祈ったりとかそんなことしてる（笑）。そうしないと手癖でどうにでもなっちゃうから。キラーフレーズは出てこない。出てくるんだけど「きたー！」っていうのはなかなか出ない。だからループを延々と流しながら、部屋の場所を移動したりしてる。そ

の作業時間は誰にも見られたくない（笑）。

吉田：これ聞いたからには僕も多分明日からやります（笑）。僕はお菓子食べまくるんです。「ああ出ない」「ああ出ない」って。

真鍋：わかる。俺はタバコのおかげでギターソロをたくさん生み出してきたよ。ずっとギターソロのバックトラックをループさせて、ボーッとして「きた！」と思ったらパッと消して弾いて「ダメだー！」って言って、また弾いて「またダメだー！」って。で、それが20テイクくらい重なってくる。で、大概はダメなの。形になってる後ろには100トラックくらいボツテイクがある。

吉田：100テイクもですか？

真鍋：頭で考えるといいんだけど、全くダメっていうのが99%なの。でも、最後の最後にハマッたりする。だから延々とループを流してる。でも、そうやって作っちゃうから、いざギターで弾こうとするとめちゃくちゃ難しかったりするんだよ（笑）。手癖で弾かないというのは、そういう摩訶不思議なメロディが浮かんでくるようにするため。

吉田：摩訶不思議だと思います。「Ride on shooting star」も本当に摩訶不思議だと思います。真鍋さんのギターって、半音を使ったフレーズがすごく多いと思うんですよ。チョーキングとか経過音とか。そういうのも頭の中でもう出来てるんですか？

真鍋：多分そういうニュアンスがほしくてやってるんだと思う。テクニカルな人って世の中にたくさんいるし、ギターがうまい人も山ほど見てきてるんだけど、自分のギタースタイルが最終的にどこ行きたいかって考えたら、やっぱりニュアンスで勝負するしかないだろうと思うんだ。クォーターのチョークとか、スライドとか、微妙なニュアンスね。去年にギターインストのソロを出したんだけど、いざ自分でやってみるとニュアンスをつけない限りスーパーのBGMみたくなっちゃうおっかなさがあって。歌うようにギター弾きたいんだなって自分で再確認したもんね。だから、素晴らしいテクニックで人を圧倒するというのは、自分のスタイルではない。まあ弾けないのは悔しいんだけど、ニュアンスで勝負していきたいなと思う。やっぱり、人が口笛で吹いてくれるような、鼻歌で歌えるような印象的なフレーズをたくさん生み出して行きたいなと思うし。だからレコーディングでも、ギターソロを入れ終わった後に、メンバーが鼻歌でそのギターソロを口ずさんでいたとしたら俺はOKだな。印象に残るメロディをギターで作っていきたいという。

吉田：僕もフレーズを何個か作るんですけど、僕が「雰囲気よし」「リズム感よし」「覚えやすさよし」っていうのを作って、「よし、これならいいだろう」と思って。ボーカルに聴かせると「何か無味無臭なんだよね」って言われるようなことが結構あるんですよ。だから、同じフレーズを作るギタリストとして、色々今後の僕の成長につながるようなアドバイスをいただきたいなと思って。

真鍋：曲はボーカリストの子が作ってるんだよね？

吉田：はい。

真鍋：それはうちと同じパターンなんだけど。やっぱり、曲を作った人って曲を作った時点でイメージがあるんだよね。だから、ただ、性格もあるからそのイメージ通りに構築してほしい人と、それを何か打ち破る、ひっくり返すくらいの

アイデアがほしい人と、どっちかだと思うんだ。山中は一人で完成させられるんだけど、そこに刺のようなものを効かせると意外と喜ぶ。バンドが上手く転がるためにはやっぱり、曲を作ってる時点でみんながハッピーになれるようじゃないと難しいでしょ。だから、エゴももちろん重要なエネルギーなんだけど、「これやったらあいつ喜ぶだろうな」ってのも重要。山中も多分「こういう曲は俺が喜ぶだろうな」と思って作ってくれることもあるし、メンバー同士で相手の好みを把握してて、ここはあいつの泣き所だなっていうのをお互い知ってるんじゃないかな。要は、曲に似合う服を着せてあげるのがギタリストの役目になるからね。時代性もあるし流行りもあるし、ただ似合う服でもカラフルなのもあればコンサバなのもあるし。でも、何かしらメンバーの喜ぶツボを俺は突いていきたいな。「これやったら山中笑うんじゃないかな」とか「これやったらしんちゃん喜ぶんじゃないかな」とか。メンバーを喜ばすことを考えてる。それが楽しくてやってきたようなところがあるな。

吉田：そのツボを知ってるっていうのは、長年続けてきてからわかってきたんですか？

真鍋：そうだね。僕達は友達同士で作ったバンドでもないし、年齢もやっぱりバラバラなんで。

吉田：僕らもです。

真鍋：人間性を知るまでに時間がかかった。でも、そこからが楽しかったな。それまではエゴも若さもあった。「俺だろ」っていう。それはもちろんあっていいんだよ、エネルギーとして。ただ、バンドがだんだん大事になってきたり、メンバーを喜ばせるようなフレーズとか、「これやったらあいつウケるんじゃねえかな」とか、そういうポイントが信頼を深めることに繋がった気がする。馬鹿みたく笑ってるだけなんだけどね。本当に。だから、もうちょっとゆっくりと人間関係を作っていったんじゃないかな。本当に最初の頃は、「今何聴いてんの？」っていう話から始めて、「これ聴いてみれば」とかそういうことをやってた。今は一切しないもんね。ここ10年位、しんちゃんはCD1枚も買ってないと思う（笑）。

吉田：ほんとですか、それ（笑）。

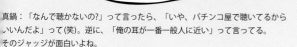

真鍋：「なんで聴かないの?」って言ったら、「いや、パチンコ屋で聴いてるから、いいんだよ」って(笑)。逆に、「俺の耳が一番一般人に近い」って言ってる。そのジャッジが面白いよね。

吉田：それ、うちのドラムもです(笑)。うちのドラムも「素人に近い耳が一番良いでしょ」っていうんですよ。

真鍋：ウチはパチンコ屋行ってる言い訳の一つだと思う(笑)。だから、逆に言うと音楽をインプットしなくても音楽をできる人なんだろうなと思う。それはそれですごいと思うし。でも、「あ、格好いいね」って彼が言うなら大丈夫かなって。だから、そういうセンスはすごく信用してる。最初はただパチンコ屋行きたいだけだろうって思ったんだけどね。で、山中は作曲の元ネタとしてすごくいろんな音楽を聴いて、いろんなインプットをしてる。でも、元ネタは明かさないよって言ってる。例えば「ハイブリッドレインボウ」を作った時だって、ちょうどブラーが「song 2」をやった時代だよ。

吉田：あ、わかりました! サビのところのギターですね!

真鍋：そう。なんであそこがああいう音になってるのかをずっと試行錯誤してて。で、結局わかったのが、ベースを歪ませないとあんな音にならなかった。どんだけギターをファズで重ねても、あの音に全くならなくて。なぜだなぜだってやってて、結局あれはセンターにあるベースががっつり歪んでるからあんな音になるんだって。

吉田：いや、すごく納得いきました。

真鍋：まさにその時代なの、「song 2」が出た時。あの音はRATで出してるんだよね。

吉田：あれは気持ちいいですね、あの曲は。

真鍋：そう。で、あの曲はライヴではファズを使ってたけど、今はもう使ってない。変えたんだ。

吉田：えっ。変えたんですか。

真鍋：実は、エフェクターの関係者が友達にも多くて。今、世界的にエフェクターの面白い国って沢山あるんだよ。例えば、今はアルゼンチンとかチリとか、南米のファズがすごく面白いのね。あとはブルガリアも。そういう輸入業者と最近知り合いになって。そういうところのエフェクターを使ってるんだ。コンプはカナダだし、ディストーション代わりのファズはオーストラリアのMIオーディオっていうところから出る「メガリス」っていうやつを使ってる。

吉田：全然知らないです。

真鍋：まあ、面白いエフェクターが好きなんだよね。自分で作るまではいかないんだけど。ペダル好き?

吉田：ペダル大好きです、もう。アンプ買えないです、ペダル好きすぎて。

真鍋：本当に面白いやつが多いんで、知ってるギタリストとか歪みに悩んでたら「これ使ってみ」「あれ使ってみ」って。やっぱり面白いんだ。ほんとにこういう話は尽きない。誰も喜ばないけど(笑)。

バンドって時には脆いものだから、ちゃんとメンバー同士で守らないといけない（真鍋）

——(笑)。というところで、そろそろ対談としては締めに向かおうかと思います。

吉田：本当ですか?

——まず、真鍋さんからウソツキへのエールというか、どういうところを伸ばしていくといいかみたいなアドバイスをいただければ。

真鍋：とりあえず、俺らの時代はもうちょっと外部の人が力を持ってるような環境だったんですよ。結果が出ないと、いろんな人にいろんなことを言われるような立場だった。でも、俺らはあえて聞かなかったのね。自分たちは絶対大丈夫って思ってたから。ただ結果が出ないだけ、遅れてるだけって思ってたから。で、ピロウズに「Advice」って曲があるんですけど、まさにその通りで。その人のアドバイスを信じていい人間と、信じられない人もいる。もちろんどっちも訳知り顔でアドバイスしてくる。それをやっぱり嗅ぎ分けて、信じられる人のアドバイスを取り入れる。バンドって時には脆いものだから、ちゃんとメンバー同士で守らないといけないんだよね。その意識はどこかで持っておかないといけないと思う。バンドの状況がよくなっても思い上がっちゃうし、結果が出ないと誰かのせいにしたりしちゃう。要は、人間関係でしっかり繋がってればそれほどブレないと思うから。そんな感じで、長くやってほしいなと思いますね。そんだけギターが好きで、あんだけギターが弾けるんなら、長くやればいい。その先にいろんなものが見えてくるからさ。俺はもちろん、長くやっててすごく良かったなと思ってるし。長くやって、守る価値のあるバンドになってほしいなと思います。

吉田：ありがとうございます。ほんとに、すごくいい刺激になりました。

GOCHISOUSAMA

Message

私が思うに「バンド」という存在はある時期になると成長期の生き物のように少しの時間でいきなり成長し、それによってその取り巻く状況も瞬く間に一変して膨張するように思えます。そんな事をこのウソツキの「惑星TOKYO」を聞きながら思い返しました。そう、そんな風に思わせる音がこのアルバムに満ちていました。全編を貫いている世界観とバンドとしての音の挑戦を乗り越えた結果がこの音を導いたのでしょう。さらにこのまましなやかに膨張してさらなる「ウソツキ」の世界を私達に見せつけて下さい。

真鍋吉明（the pillows）

Profile

真鍋吉明（まなべよしあき）

「the pillows」ギタリスト。札幌市出身。

1989年「the pillows」結成。以降現在まで日本のロック・シーンをリードしている。精力的なライブ活動・リリースをはじめ、アメリカでもツアーを行うなど、国内のみならず、海外でも支持を集めている。キャリアを重ねる毎に勢いを増し、若手から同年代のアーティストまで幅広くリスペクトされている。

※この対談は2015年に行われました。写真は2017年撮影。

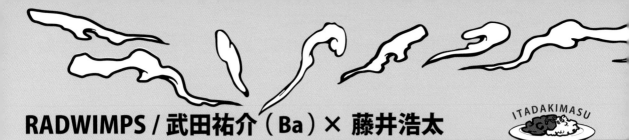

RADWIMPS / 武田祐介（Ba）× 藤井浩太

ITADAKIMASU

バンドについて、お互いのベースヒーローについて、楽器や機材について、グルーヴについて…。
貴重なトーク満載です。（取材・文＝柴 那典）

「音楽的な練習」ってなんだろう、って今でも考えます（藤井）

技術だけじゃダメ、なるべく音楽的に考える。表現したいフレーズがある上で、何が必要なんだろうって（武田）

――お二人は初対面?
武田：はい。
――今回はベーシスト対談ということですが、こういう対談をするのも初めて?
武田：初めてです。なかなか、こういう機会もなくて。
藤井：もちろん僕の方は一方的に知っていたんですけれど。
――藤井さんの方はRADWIMPSを以前から聴いていた?
藤井：知ったのは僕が中高生の頃ですね。とにかく、僕らくらいの世代で聴いたことない人はたぶんいないと思います。
武田：マジか。嬉しいけど、いくつ?
藤井：22です。今年23になります。
武田：ああ…若いね(笑)。俺は今年30だから、7個上。
藤井：僕が中学生の頃、7、8年前は「有心論」のあたりをクラスのみんなが聴いてたし、「おしゃかしゃま」とかもそうでした。RADWIMPSがきっかけでバンドを始めた人も周りに沢山います。僕のきっかけ自体は違うんですけれど、うちのバンドのボーカルとギターはコピバンもやってました。
武田：嬉しいな。
藤井：それに、武田さんの影響でベースを始めた人も、僕の周囲で知ってるかぎりでも4、5人くらいいて。なので、今回は本当にありがとうございます!
武田：へへへ(笑)。いや、こちらこそありがとうございます。嬉しいです。
――ベースを弾く人から見て武田さんのベースの「ここが格好いい」と思うポイントは?
藤井：単純に格好いいというか「巧い!」って思うんです。一聴して。
武田：そうかな(笑)。
藤井：いや、本当に(笑)。僕らくらいの世代だとELLEGARDENとかBUMP OF CHICKENも青春だったんですけれど、やっぱり演奏技術的にはRADWIMPSが圧倒的に巧かった。だから、バンドやってる人間の中では「俺はラッド弾けるんだぜ」ってのがステータスで(笑)。"おしゃかしゃま"のベース弾けんの!?っていう。そういうのはありましたね。僕だって弾けないですから。
武田：ほんと。でも大丈夫、すぐできるよ(笑)。
――武田さんはウソツキの音源は聴かれました?
武田：俺、この話をいただいて、聴いたことなかったんだけど、調べさせてもらって。
藤井：ありがとうございます。

武田：まずウソツキの藤井くんのツイッターのページを開いたら、最初にビリー・シーン(Mr.BIG)が好きって書いてあって。
藤井：書いてあります。画像もあるし。
武田：で、「おや?」っと思って。「あれ、この人はそっち系か?」と。ゴリゴリなのかなと思ったの。でも、その後に音源を聴かせてもらったら、これもまた「おや?」と思って。「歌を大事にするバンドなんですね」と思って。これは、そういう自分もありつつ、やっぱり歌モノをやりたいみたいな?
藤井：そうなんです。武田さんは、マーカス・ミラーとジャコ・パストリアスが好きだったんですよね。
武田：そうだね。高校時代はすごくよく聴いてた。

スポーツになっちゃってるんだ。まあでも、そういう時期はあるよね（武田）

誰しもありますよね。よかった、自分だけじゃなかった（藤井）

藤井：僕はハード・ロックが大好きで、ビリー・シーンが大好きで。ゴリゴリロックで始めたので、ジャンル的には多分真逆なんだと思います。マーカスもジャコも好きなんですけど、根本にあるのがやっぱりそっちなんですよね。
武田：スリーフィンガーの人だ。
藤井：そう、ベースを持って、まずスリーフィンガーで弾く訓練をしたんです。
武田：それ、すごいね。今でもバンドでやってる?
藤井：うーん、最近はやらないです。
武田：まあ、必要がないもんね。
藤井：そうなんですよね。やっぱり一番好きなバンドがMr.BIGで、なんだかんだ言って、Mr.BIGの歌が好きなんですよね。ビリー・シーンのバカテクとかも好きだけど、結局あのバンドは歌がいいなっていう。そこに気付いた。
武田：俺ね、あんまりビリー・シーンを聴いて来なかったんですよ。で、今改てMr.BIGを聴いてみたら全然聴こえ方が違う。高校の時はベースしか聴いてなかったから気付かなかったけど、いいバンドだなって思った。ビリー・シーン見方も変わった。「あ、この人ただのバカテクじゃねぇや」って。
――高校の時はCDを聴いてもベースの部分ばっかり聴いてたんですか?

武田：そうですね。そういう聴き方でした。

藤井：僕もそうです。ベースしか耳に入ってこなかったです、その時は。

──それが高校くらいの時だった。

藤井：楽器を始めた頃ですよね。

武田：もう、なかばスポーツみたいになってたからね。どんだけ早く指が回るか、とか。

藤井：それで勝負してました。

──ジャコパスも、ジャンルは違いますけど、やっぱりバカテクのベーシストですよね。

武田：まあ、バカテクですよね。

──武田さんがRADWIMPSに加入する頃に、ベースの技術ばっかり追求していた高校生の頃からスタイルの変化はありました？

武田：やっぱり最初は「俺が俺が」で。「周りの音なんて聴きません」っていうような人間だったんですよ。そこから、どんどん変わっていきましたね。

藤井：僕はずっと音源を聴かせていただいてたので、勝手な印象だと4枚目の『おかずのごはん』あたりまでと、その後の『アルトコロニーの定理』以降で、プレイが変わってきた印象があるんですけど。ルートに徹することが多くなった気もするんですけれど。それは意図したものなんですか？

武田：意図はしてないと思う。ルートでいこうみたいな考えではなく。まあ、それまではあんまりわかってなかったんだ（笑）。やっぱりバンドでもいろいろあったし、紆余曲折があってなっていったんだろうね。何かを意識して「ここから俺はこうだ」っていうのは特になかったかな。

──藤井さんは、ラッドの曲を聴いても、ベースに耳がいく？

藤井：ラッドは特にベースに耳がいきますね。

武田：ははは（笑）。ほんと。

藤井：特に初期の頃はやっぱり、派手だなっていう印象があるんですよ。

武田：そうだね。本当に何も考えてなかったな。

藤井："ヒキコモリロリン"とか"愛し"とかを聴いて、「きっとマーカス好きなんだな」「ジャコ好きなんだな」って思ったりしてました。

武田：あの時は、いろんな奏法をやりたかったのかな。詰め込みたかったんだろうね。

藤井：僕もウソツキの前にそういう時期がありました。でも行き詰まってて。今聴くと、「ああ、違うな」って思います（笑）。これは音楽じゃないな、っていう。

武田：スポーツになっちゃってるんだ。まあでも、そういう時期はあるよね。

藤井：誰しもありますよね。よかった、自分だけじゃなかった。

武田：まあ、その時期にひとまず指は速くなるもんね。

藤井：そう、訓練してよかったなとは思ってます。

武田：でも、それだけだとただの速い人で終わっちゃう。サーカスみたいな感じだよね。

藤井：曲芸ですよね。

──お二人とも、ある種のアスリートみたいにベースプレイを追い求める時期を経て、バンドの中で曲を生かす方向にシフトしていく道程があったわけですね。

武田：ありましたね。でも、そのまま突っ走ってたらバンドの意味もなくなっちゃう。「じゃあお前一人で弾けよ」ってなっちゃうからね。

藤井：「クビにするわ」とか言われちゃう。

──お二人とも、いわゆる幼馴染や友達同士でバンドを結成したタイプではないですよね。

武田：違いますね。

藤井：僕らも違いますね。僕は後からバンドに入ったんで。

武田：結成からそんなに経ってないんだよね、まだ。

藤井：そうですね、このメンバーになったのが一昨年の夏頃で、その後すぐにレコーディングをして、去年の6月に初めて全国リリースで出させてもらってっていう感じです。まだ結成から2年経たないくらいです。

──お二人とも、友達同士ではないスタートだということは「こいつの書く曲はすごい」と感じる瞬間、「こいつと一緒にやりたい」と決断をする瞬間があった。

藤井：ああ、ありました。最初ウソツキに連れて来られた時に、率直に思ったんですよね。「あ、曲すごいな」っていう。うちのボーカルの竹田の歌を聴いた時に、今まで一緒にやってきた人と比べて全然、桁違いに歌がうまいのと、曲がよかった。感覚的に「これはやった方がいいな」って思ったんですよね。直感でそう思った瞬間はありました。

──そういう瞬間は武田さんもありました？

武田：ラッドは俺が入る前から活動していて。ファースト・アルバムが出てて、それを聴いていたから、初めてその場で聴くっていう感じではなかったですね。前から予備知識がいっぱいあったから、声かかったら「やります」って、即返事（笑）。

──どういうところに？

武田：もう、アーティストだなっていう。ヴォーカリストだしミュージシャンだけど、音楽以外のところでも自分を出していけるし。ギターでもピアノでも、自分の中にある音楽を表現する。何かを表現するっていうことがすごく卓越していて、その手段は何でもいいんだって、そういう感じ。

──表現者みたいな？

武田：そうですね。表現者という感じがする。

──その感覚は、最初に出会った時と今も変わらない？

武田：最初の時よりも大きいと思います、今は。

──野田さんの第一印象ってどんな感じだったんですか？

武田：第一印象……。10何年前だからなあ、今はちょっと思い出せない（笑）。

──藤井さんの竹田さんの第一印象は？

藤井：変なやつだなって思いましたね。すごい猫背なんですよ。ギター背負ってて。で、前髪が長くて、目が見えなくて。で、目を合わせてくれない。「変わってるなこの人」って思ったんだけど、いざスタジオに入って歌を聴いてビックリしたっていう。その時のメンバーが2人で、ボーカル竹田とドラムの林山っていうやつなんですけど、ドラムはドラムで巨漢なんですよ。ガリガリの猫背の変な人とデカい無口な人っていう、強烈な2人のインパクトがデカかった。そこでどう個性を出していけばいいんだ、っていうのはありました。

武田：でも、ベースもそんなにゴリゴリじゃないけど、やっぱり巧いと思いました。

藤井：ありがとうございます。

──武田さんはウソツキを聴いてどういう感想を持ちました？

武田：第一印象は、さっき言ったような「おや？」という感じですね。思い浮かべてたものと全然違うもので、すごく気持ちいい歌ものをやってるなと。で、俺、新しいミニアルバムの2曲目が好きです。今日もずっと聴きながら来たんです。

藤井：ありがとうございます。僕自身も2曲目の"過去から届いた光の手紙"が一番好きです。ベースラインとしても気に入ってます。サビの後半で歌メロとリフがうまく絡めたって。

武田：うん、気持ちよかった。

藤井：ありがとうございます。僕もRADWIMPSはもちろん全部聴かせてもらってるんですけど、一番新しいアルバムの『×と○と罪と』が好きで。"会心の一撃"を聴いた時に、「ドン！」とくる曲で、格好いいなと思ったんですよね。あれって、ベースはほとんどルートですよね。

武田：ほとんどルートです。

藤井：弾いてるベースは、基本的にはYAMAHAですか？

武田：YAMAHAほとんど1本かな、あのアルバムは。"パーフェクトベイビー"だけ6弦だった気がする。

強烈な2人のインパクトがデカかった。そこでどう個性を出していけばいいんだ、っていうのはありました（藤井）

藤井：あれって、フレットレスみたいな音がしたなと思ったんですけど、ではなく？

武田：ではないです。いきなり専門的になったね（笑）。

──そういう話も聞ければなと思ってるんですよ。ベーシスト談義なので。

藤井：すいません（笑）。"パーフェクトベイビー"はどういうものを使ったんですか？

武田：あれはV-Bassっていう、ローランドのベースシンセを使ってるんです。ピックアップをもう1個付けて音を加工させて出すマルチエフェクターみたいなやつを使って、シンセベースみたいな音にしている。

藤井：で、ベース自体はYAMAHAの、ご自身のモデル。

武田：ですね。ほぼ1本だと思う。

──お二人は4弦だけじゃなく、5弦・6弦ベースを使うことも多いですよね。

藤井：多いですよね。

武田：多いですね。ただ、そんなにこだわりはないんですよ、今は。高校生の時は弦が多い方が格好いいと思ってたんです（笑）。

藤井：わかります（笑）。ただ、僕は逆だったんですよ。4弦こそ格好いいだろ、と思ってたんです。でも今は5弦を使ってるので。

武田：ああ。折れちゃったわけだね。

藤井：折れちゃいました（笑）。

──基本的な質問ですけど、5弦とか6弦だとメリットとしてはどういうところが大きいんですか？

武田：音域が増えるということですよね。ベースの役割以外のことができるっていうのが6弦。で、5弦は、下の音域が使えるっていう。

藤井：表現の幅が全然変わりますね。

武田：増えるね。でも結局、4弦の音域だけしか使わなかったら4弦でいいし。あと、僕はあんまりライヴで持ち替えるのが好きじゃなくて。だったら初めから音域の広い5弦を使っとけばいい、という。

藤井：初期の方だと特に、ベースでアルペジオっぽいことをやってたりしてることが多いじゃないですか、3枚目くらいのあたりだと。あれって全部やっぱり6弦なんですか？

武田：あれは全部6弦だと思う。あの時期は上の方を弾くのが楽しかった（笑）。詰め込みたかったんだよね。

藤井：そこも格好いいと思いました。僕はまだベースっぽくないことをやる勇気がないんですよ、今のところ。僕の技術的なところも含めてなんですけど。

武田：でも、やり過ぎたらバンドの皆が止めてくれるんじゃない？ウチは言われるから。「そこは上はいらない」とか。

藤井：やっぱりあるんですね。

──曲を作ったりアレンジをしたりする中で「ベースが前に出過ぎ」と言われることは多い？

藤井：ありますねえ。

武田：あります。まあ、その逆パターンもありますね。

藤井：「大人しすぎない？」って言われたり。

──そういうのは、それぞれのバンドのソングライターが言うことが多い？

藤井：基本的にはやっぱり、ボーカルですね。

武田：うちも同じく。初期のうちは、さっき話したように、もう、何も考えなかったから（笑）。

藤井：僕は最近、逆に歌ばっかり意識してますね。いかに歌の邪魔にならないか、いかに支えられるかっていう。

武田：すごく伝わりました。

藤井：ありがとうございます。ただ逆に、ちょっと穏やかすぎたかなって、おとなしすぎたかなって部分もあって。

武田：昔のスリーフィンガー時代の自分が「もうちょっとやりたいな」って出てくる？

藤井：そうですね。でも、永遠の課題じゃないですかね。そんなことないですか？歌とベースのバランスって。

武田：そうだよね。ベースがすごく動いてる音源とか聴くと「かっこいいな」とは思うけど、やっぱりちょっとうるさいなって思うこともある。

藤井：ものによっては、ちょっと歌が聴こえないなっていうときもありますよね。

武田：しかも、うちらみたいなベーシストって、まずベースに耳行くじゃん。で、ベースが動くと絶対そっちに持っていかれるからさ。その瞬間、歌の存在が消えるよね。

藤井：分かります。そういう瞬間、あります。

武田：多分、これはベーシストだからだと思うけどね。

今のところ、4人でセッションみたいに作り上げていくっていうやり方をやったことがないんですよね、まだ（藤井）

じゃあ今後、それをやることになったら楽しみだね（武田）

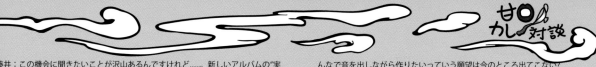

甘口・辛口対談

藤井：この機会に聞きたいことが沢山あるんですけれど……。新しいアルバムの"実況中継"って、何本楽器が入ってるんですか？

武田：何本入ってるんだろうね。エレキギターは2本で、あとはパートによってコロコロ変わるから。

藤井：聴いた時に、「意外と少ないな」って思ったんですよ。でもライヴのDVDを見させてもらったら、あの時は野本さんはギターを置いてますよね。ギター1本とベースだけど、音圧がすごくて。打ち込みも同期で出してます？

武田：同期は合わせてるね。楽器が何本入ってるかはちょっと思い出せないけど、シンセとか、あとリズム系でもかなり打ち込みは入ってるかな。で、ベースも、シンセベースと生ベース両方入ってたりとか。特にサビとか間奏はいっぱい入ってます。

藤井：なるほど。映像で見るより音が太いなって思ってたんです。あと、最初のフレーズもベースで弾いてますよね。「トゥルルル トゥルルル トルゥットゥ」って。

武田：ああ。あれは本当はギターなの。

藤井：音源だと本当はギターですよね。でも、ライヴ映像を観て「あ、ベースなんだ」って思って。

武田：でも、やる人いないから「じゃあ、やるわ」ってなったんだ。

藤井：僕らも生と打ち込みのバランスで悩んでいるところがあるといえばあるんですよね。シンセベースを重ねてしまうなら、ベースはシンプルでもいいのかなって。

武田：シンプルじゃないと重ねられないしね。そもそも、派手なことをやってシンセベースを重ねるって、音を厚くしたりそういう意味合いとちょっと違う方向に行ってる気がするからね。フレーズをいっぱい入れるっていうのも。

藤井：うんうん。根本が違ってきちゃうってことですね。

――ラッドって、初期は基本4人の音で打ち込みとかは入れずにやってましたよね。

武田：基本的にはなかったですね。インディーズの時の"へっくしゅん"は入っていて。ただ、その後になると5枚目かな。うちのボーカルの洋次郎が曲を作るときにプロツールスを使うようになってから、やっぱり格段に増えたかな。

――曲作りの段階でいろんな方法が生まれた。

武田：そうですね。デモをしっかり作る曲もあり、スタジオに入って4人だけでやる曲もあったり。6枚目の『絶体絶命』あたりな気がしますね。

――ウソツキはどんな感じで曲を作ってるんですか？

藤井：基本はボーカルの竹田が完璧主義で、不完全なところをあんまり見せたくないタイプで。持ってくる時8割くらいできてるんですよ。それを僕らに送ってきて、構成をちょっと変えたりして。最終的には、ほとんど完成した状態で持ってくるんですよね。今のところ、4人でセッションみたいに作り上げていくっていうやり方をやったことがないんですよね、まだ。

武田：じゃあ今後、それをやることになったら楽しみだね。3本指のプレイが炸裂するのか（笑）。

藤井：どうでしょう……。「違う違う」って、パッて止められそうです（笑）。RADWIMPSでスタジオで4人で合わせてできた曲って、たとえばどの曲ですか？

武田："会心の一撃"とかはまさにそう。サビだけ洋次郎が歌って、そこからはもうほとんど一気に作ったかな。あとは"おしゃかしゃま"とかもそう。

藤井：やっぱりスタジオで合わせて作った曲って、勢いがあるなって感じるんですよね。"会心の一撃"もそうで。

武田：実際、そういう勢いがあるものをやりたいからそういう風な作り方になるんじゃないかな。

藤井：なるほど。今のところ僕ら、そういう衝動に駆られたことがないんですよね。

武田：なるほど。それは今後にやってみたらまた違うメンバーの顔が見れるかもしれない。

藤井：ラッドの皆さんって、音楽のルーツはバラバラですよね。

武田：バラバラですね。

藤井：ギターの桑原さんはロックなんですよね。

武田：ロック。ロックっていうか、GLAY。そういうのがきっかけだって言ってた。

藤井：武田さんはマーカス・ミラーとかジャコ・パストリアス。

武田：そうだね。まあとりあえず、ベースが目立ってればなんでもよかったし。

藤井：そういうメンバーがスタジオで合わせた時こそ、何かあるんですかね。

藤井：それがまさに2枚目のアルバムだと思う。『発展途上』。みんな好き勝手やった。

藤井：確かに結構わちゃわちゃしてますよね。

武田：わちゃわちゃしてる（笑）。でも、自分ではそうやってスタジオに入って、み

んなで音を出しながら作りたいっていう願望は今のところ出てこない？

藤井：そもそもその願望がまだ生まれてこないかもしれないです。

武田：そっか。レコーディングの方法はどんな風にしてる？ドラムから録ってる？

藤井：普通に、ベースとドラム一緒に録って、ギター乗っけて、最後に歌を入れるやり方です。そのやり方しかやったことないですね、今のところ。

武田：多分そこも、さっき言ってた勢いっていうのにも関わってくるんじゃないかな。

――あとベースに関して聞きたいことはあります？

藤井：僕は音楽の専門学校に通ってたんですけれど、いろんな人からいろんなことを教わって。でもやっぱり常に悩み続けてるのが、リズムとグルーヴのことなんです。例えば、ドラムにどう合わせればいいのかなって思うことがあって、たまに分からなくなってしまうことがあって。やっぱり、いろんな人からアドバイスをもらうんですよ。で、一番今まで多く受けたアドバイスが「スネアを聞け」「2、4を聞け」っていうもので。その次に多かったアドバイスが「裏拍を聞け」で。で、また別の人には「1が大事だ」「小節の頭に合わせなきゃダメだ」って言われて。また別の人には「見逃しがちだけど、実は3が一番大事だ」って言われて。結局全部大事じゃねぇかって思っちゃって（笑）。

武田：そうですね。まさに（笑）。でも、それは全部正しいと思うな。

藤井：武田さんが特に意識してることとかありますか？

武田：それはその時の自分に何が足りないのかっていうところでポイントが変わってくるかな。その「3拍目が大事で意外と見落としがちだ」って言った人は、多分その人が3拍目への意識が弱かったんだろうね。だから、それを3拍目を意識して弾くようになったらうまくいったからそういうことが言えたっていうことだと思うんだけど。

藤井：その時により、っていう感じなんですね。

武田：と思うな。

――武田さん自身は、ここを意識したらベースのグルーヴがすごく良くなったみたいな経験はあるんですか？

武田：もう、ありすぎて（笑）。

藤井：やっぱりたくさんありますか。

武田：いっぱいある。でも、歌を意識するようになってからは、聴こえ方が変わってきたと思う。ずっとドラムを意識してたけど、歌に気持ちをシフトしたら、「あ、いいんじゃないかな」ってなったことがある。

藤井：僕はいろいろ悩んだり試行錯誤してる途中で。パソコンで録って波形を見たら裏拍が遅れてるのに気付いたり。

武田：便利な世の中だね（笑）。

藤井：僕、波形で練習することが多いんですよ。

武田：俺もやるよ。やり過ぎはよくないかもしれないけどね。

藤井：狙いすぎもよくないですよね。ぴったりが全てってわけじゃないですし。

武田：そうね。目指すところがそこしかなくなっちゃうからね。

――バンド内のソングライターとの関係性みたいなことって、どうでしょう？ここに関してはラッドの方がキャリアが長い分だけいろんな変遷を経てきていると思うんですけど。ウソツキはまだ2年。

藤井：そうですね、まだ2年経ってないです。でも、やっぱり波はありますね。

武田：ウチはそれもあったけど、単純にやっぱり、俺が下手だったから。

藤井：そうですか?

武田：それで迷惑を掛けた部分もあったし、ギクシャクする時もあったし。でも、どんどん変わってきて。今はバンド全体がすごくいい雰囲気ですね。やっぱり波はあったよ。どん底の時は本当にバンドがなくなるんじゃないかって思った。

藤井：やっぱり、そういう時期もあったんですね。

武田：解散するんじゃねえかって時もあったけど。でも今はいい雰囲気になってると思う。

──そういう時期はどうやって乗り越えていくんでしょう?

みんなで支え合ってた。お互いに支え合ってこれた気がするな（武田）

武田：うーん......もう、ひたすらやるしかないなと思ってたんですけど。でもやっぱり技術も足りないし、メンタルもやられていたので。何をやっていいかわからなくなって。どうやって乗り越えたっていうと、メンバーが4人いるから、みんなで支え合ってた。お互いに支え合ってこれた気がするな。

──そういう「もっと上手くならなきゃ」というプレッシャーっていうのは常にあった。

武田：はい。常に。今もあります。

藤井：あ、やっぱり今もあるんですね。

武田：ありますあります。バンドがヤバかった時期も、もし自分がもっと上手かったらそうはならなかったのかなとかも思ったり。もちろん技術だけじゃないのかもしれないけど、でも一つ大きな要因としてそれがあったから。やっぱりそれは常に感じてますね。

藤井：勉強になります。ためになります。

──例えば、野球だったら、今でもイチローは素振りをしているみたいな話がありますよね。アスリートだったらそういう練習方法がありますけれど、楽器プレイヤーにもそういうのがあるんですか?

藤井：基礎練は、一応やってます。

武田：どんなのやってる?

藤井：あんまりストイックにはやってないですけど、一応指を動かす程度です。

武田：ああ、半音ずつ。それが素振りになるのかなぁ。

藤井：昔言われたんですよね。「音楽的な練習をしろ」。それも一つの課題なんですよ。音楽的な練習ってなんだろう?って。いかにグルーヴを持たせるかとか、たぶんそういう意味だと思うんですけど。どうすればいいのかなっていうの

は、今でも考えてることではあります。

武田：やっぱりそれはフレーズを弾くっていうことだよね。曲を弾く。自分も「音楽的な練習をしろ」っていうのは忘れんなよって、今自分に言い聞かせてる(笑)。

藤井：そうなんですか。

武田：やっぱり、技術だけじゃダメだったんだよね。なるべく音楽的に考えることにした。技術が目標になるんじゃなくて、表現したいフレーズがある上で、じゃあこれには何が必要なんだろうってことで技術がついてくることが当然の流れであるわけであって。それが音楽的な練習っていうのはまさにそのことだなって思うし。指を慣らすとか速く動かすみたいなことっていうのは、また別次元の練習だなって思います。ね(笑)。

藤井：はい。僕らもそう思います。

武田：で、その先に音楽がある。自分がどこまでやれてるのかはわかんないけど、目指すところはそうだなって今、思ってます。

──では最後に。武田さんから藤井さんにエールの言葉をもらえれば。

武田：一緒に頑張っていこう。俺も足りないことばっかで、まだまだやらなきゃいけないことあるし。

藤井：すごく嬉しいです。

武田：こんな先輩後輩みたいな感じじゃなくて、仲間として、これからもよろしくお願いします。

藤井：ありがとうございます!

Profile

武田祐介（たけだゆうすけ）

横浜出身。RADWIMPSのベース。多弦ベースを主に操り、スラップなどを駆使した演奏を武器に、ロック、ポップス、ジャズなど幅広い音楽性を備え、唯一無二の立ち位置で非常に高い評価を得ている。RADWIMPSとして音楽全般を担当したアニメ映画「君の名は。」では劇伴音楽の一部の作曲も行い、のちに第40回日本アカデミー賞最優秀音楽賞を受賞した。

※この対談は2015年に行われました。

9mm Parabellum Bullet / かみじょうちひろ（Dr）× 林山拓斗

ドラムをはじめたきっかけ、ドラマーに必要なこと、そして、お互いのバンドについて、リスペクトする
ドラマーについて。縦横無尽に語り尽くしました。（取材・文＝麦倉正樹）

**かみじょうさんみたいに、自分のなかに一つ基準みたいなも
の欲しい（林山）**

**自分が正しいと思ったことをやるぐらいしか、正解ってない
と思っている（かみじょう）**

──もともと交流があるとのことですが、初めておふたりが会ったのは？

かみじょう：拓斗くんが、僕の家に遊びにきたんですよ。あれは、去年の11月とか12月だったかな？

林山：それぐらいですね。

かみじょう：僕の友人が家に遊びにくるっていうときに、その友人を介して拓斗くんもやってきて……。

林山：かみじょうさんの家の最寄り駅で降りたら、改札の向こうにかみじょうさんがいて……「わっ、ホントにかみじょうちひろがいるよ！」っていう(笑)。

かみじょう：(笑)。

林山：で、家に行ったら、ピスタライトのツーバスのドラムセットがあって、「あ、これだ！」って、僕も叩かせてもらったんですよね。

かみじょう：そうそう。その友人っていうのもドラマーだったから、3人でずっとドラムを叩いてましたね(笑)。

──そのときのお互いの印象っていうのは？

**実際に会う前から、すごいドラムを叩くやつがいるっていう
話は聞いていました（かみじょう）**

かみじょう：僕と拓斗くんはふたりとも、村石雅行さんというドラマーの方がやっているドラム道場の道場生なんですよね。だから、実際に会う前から、「拓斗くんっていう、ハーフで体格も良くて、すごいドラムを叩くやつがいる」っていう話は聞いていて。あんなに良い音のキックを出せるのは、デニス・チェンバースか拓斗くんぐらいじゃないかっていう。

林山：いやいや、とんでもないっす。

かみじょう：で、実際に叩いている音を聴いたら、ホントに最高だったんですよね。

──林山さんは、どんな印象を？

林山：僕のほうは、ドラムマガジンとかでめっちゃ見ていた人だから、すごい緊張していて。でも、実際会ってしゃべってみたら、いい意味で、めっちゃフランクな人だったんですよね。そこで一回イメージが崩れたというか、「あ、全然普通の人だ」とか思って。

かみじょう：めちゃくちゃ普通だよ、俺(笑)。

──それまでは、どんなイメージを抱いていたんですか？

林山：やっぱり、ドラムヒーローですよね。僕が初めて9mm Parabellum Bulletを聴いたのは、確か高2の頃だったと思うんですけど、卒業する頃には、9ミリのコピーバンドがめっちゃ増えていたんですよね。で、そのあたりから、ドラムマガジンとかでよく見るようになって……何か毎月のように載っていましたよね？

かみじょう：そうね、ありがたいことに(笑)。

林山：で、僕は3年ぐらい前から、その村石さんのドラム道場っていうのに通っていたんですけど、去年の中頃から、そこにかみじょうさんもこられるようになって、「ええっ！」とか思って。で、「会って話してみたいな」って思っていたら、いきなりかみじょうさんの家に行く機会があって。で、実際しゃべってみたら、すごい気のいい人だったっていう。

**運動はしたくないけど、イケてる部活に入りたくて……それ
で軽音部に入ったんです（林山）**

──おふたりは、いつ頃、どんなふうにドラムを始めたのですか？

林山：僕は高校で軽音楽部に入って、最初はギターをやっていたんですけど、軽音楽部って、ドラムの数しかバンドが組めないんですよね。なので、「お前はギターじゃない、ドラムをやれ」って言われて……そしたら、全然ドラムのほうが上達が早かったので、こっちのほうが向いてるんだなって思って。

かみじょう：僕は中学ぐらいのときに……当時はみんなBOØWYのコピバンとかをやっていて、俺も思いっきり布袋モデルのギターを買おうとしていたんですけど、僕の姉貴がドラムをやっていたんです。で、「もうギターいらないし、お前の姉ちゃんドラムだから、ドラムやれよ」って言われて。大体、そんなもんだよね。

林山：そうですね(笑)。

──当時は、どんな音楽を聴いていたのですか？

林山：僕はもともと、そんなに音楽に興味はなかったんですよね。だから、軽音部に入ったのも、とりあえず運動はしたくないけど、何かイケてる部活に入りたいなっていうところで……だったら、もう軽音部しかないなと思って。で、入ってみたら、すごい力が入っている部活で、ホント体育会系みたいな感じだったんですよね。

かみじょう：体育会系の軽音部なんてあるんだ？

林山：そうなんですよ。あいさつとかもうるさくて。で、そこで最初にバンドを組んだやつが、X JAPANが好きなやつで、「これを聴け」ってXのCD渡されて……「なんだこれは、すごいぞ！」って思って真似をしてみたら、もう全然叩けなくて。

かみじょう：そりゃそうだ。

林山：なので、一回それは置いといて……で、そのあとに組んだバンドが、女の子ボーカルだったんですよね。だから、いちばん最初にちゃんとコピーしたのは、JUDY AND MARYの「OVER DRIVE」でした。

かみじょう：おっ、いいねえ。

林山：で、そこから割と女性ボーカルの曲を……プリンセスプリンセスとかもやりましたね。

かみじょう：えっ、世代全然違うでしょう？

林山：何か「懐メロライブ」っていうのがあったんですよ。だから、割と最初からポップスとか歌ものをやっていたんですよね。ユーミンとかもやったりしたし。

——かみじょうさんは？

かみじょう：僕の世代は、「イカ天」のあとの世代になるので……やっぱり、バンドものが多かったですね。X JAPANとかBUCK-TICKとかユニコーンとか、まわりの友だちが聴いているようなものを、僕もその頃は聴いていましたね。あとは、D'ERLANGERとかブルーハーツとか。で、バンドを組んで初めてやったライブが、やっぱり中学校の文化祭だったんですけど、そこではユニコーンとかBUCK-TICK、BOØWYとかをやっていました。

2ビートをやり出してから、ドラムが面白くなってきたんです（かみじょう）

——ドラムの面白さに目覚めたきっかけとかってあるんですか？

林山：僕が最初にのめり込んだのは……ドンタンドドタンっていうのができるようになったあと、今度はドッタドットタンっていうのをやろうとするんですけど、最初はあんまり上手くできないんですよね。

かみじょう：ああ、わかるわかる。

林山：で、それができるようになってから、めっちゃいろんなことができるようになって、「あ、こっからだな。もうちょっと頑張ってみようかな」って思って。

かみじょう：拓斗くん、家にドラムあった？

林山：いや、ないです。部活のときだけで。そう、部活の時間が終わったあと、2時間ぐらいドラムを自由に叩けるんですよ。まあ、ドラムの取り合いみたいになるんですけど（笑）。そこでわがままを言っていたら、だんだんみんながドラム空け

てくれるようになって。部活が終わったあと、毎日ずーっと叩いていましたね。

かみじょう：俺はもうホント、家の周りが半径2、300メートルぐらい全部田んぼなので、実家にドラムが置けたんですよね。だから、暇なときに……まあ一日1時間ぐらいですけど、練習したりして。で、高校に入った頃に、ハイスタンダードの全盛期に入るんです。AIR JAMとかあったりして。で、それまでは俺も、ドッタンドドタンぐらいの世界だったんですけど、クソ速いBPMで2ビートな感じのものをやり出したら、ホントにドラムが面白くなってきて。

林山：俺もハイスタの「STAY GOLD」とかやってました。

かみじょう：絶対やるよね？で、俺は家にドラムがあったから、部室で取り合いとかにならず、人よりは自由に叩けて。そこらへんがうまくいった感じはありますよね。

——そこからどんな感じで今のバンドをやるように？

林山：僕の場合は、高校3年間、ずっとバンドをやったあと、音楽の学校に進学して。で、俺はもうドラマーとしてやっていくんだって思って、バンドを組まずにひとりでやっていたんですけど、やっぱりバンドがやりたいなって思うようになって。その頃に、今のボーカルの竹田と出会ったんです。アンサンブルの授業でランダムにバンドを組んだとき、たまたま一緒になって。で、3、4ヶ月一緒にやったんですけど、「こいつ、いい歌を歌うなあ」みたいなところから、僕が誘って2人で一緒にやるようになって。で、最初の1、2年は、メンバーも決めずにやっていたんですけど、だんだん曲もできてきて、ちゃんとレコーディングして真面目にやろうよっていうことで、メンバー探しも本格的にやって……それで今のメンバーになった感じですね。

——かみじょうさんは？

かみじょう：僕はその後、普通に大学に行って、大学の軽音サークルでいろいろバンドをやったりしていたんですけど、僕が大学院に上がった頃に、そのサークルの友だちがふたりぐらい、別々でデビューしたんですよ。インディーとメジャーで。で、こんなやつらがデビューできるなら、意外と俺もいけるんじゃないかって思って。で、もともとミュージシャンになる気は全然なかったんですけど、そいつらにノウハウを聞いて、それをもとにメンバーを集めて組んだのが、今の9ミリなんですよね。

最初に「お前、音でかいなあ」って言われたのが、すごい嬉しかったんですよね（林山）

林山：やっぱり、9ミリはすごい衝撃的でしたよね。多分初めて聴いたのはセカンドの『VAMPIRE』だったと思うんですけど、ギターのリフとかに、何かよくわからない感じがあるというか。

かみじょう：まあ、変だよね。

林山：そう、変なんですよ。絶対上手いのに、「俺、上手いよ」みたいな感じでは弾かないというか。で、他のパートは、もう好き勝手に暴れているみたいなサウンドがすごい衝撃で……そう、僕はそもそも、激しい曲とかをあまりやってなかったんですよね。

かみじょう：あ、そうなんだ？

林山：X JAPANから入ったくせに、そういうものにあんま挑戦してこなかったんですよね。だから、そもそも通ってないんですよ。で、高2のときに9ミリを初めて聴いて、これはやばいと思って。あと、その頃友だちが、凛として時雨も教えてくれたんですけど、そっからは……かみじょうさんはどう思っているか知らないですけど、かみじょうさんとピエール中野さんが、若手ドラマーの二大巨頭みたいな感じになっていって。

かみじょう：まあ、TKはすごいと思うよ（笑）、TKは（笑）。

林山：（笑）。で、ちょっと手数系に走りかけたんですけど、やっぱりそっちには行かなかったんですよね。

かみじょう：それは、何か理由があったの？

林山：やっぱり、最初に「お前、音でかいなあ」って言われたのが、すごい嬉しかったんですよね。だから、でっかい音で叩けるものばっかりやっていて……手数みたいなのは、全然おっつかないなっていう。そう、僕、チョップスとかそういう難しいことをやるなんていうのはホント、ここ2、3年の話なんですよね。

かみじょう：そう、実際叩いているのを見たら、チョップスであんなに速いことをやっているから、音源はどんな感じなんだろうって思って『惑星TOKYO』を聴いてみたら……。

林山：全然やってないです（笑）。だから俺、そういうのをやるのは、対バンのサウンドチェックのときぐらいで……お前にはできないだろうっていう。

かみじょう：ははは。でも、その気持ち、すげえわかるよ（笑）。

——手数系のドラマーときっちり叩く系のドラマーのように、何か2系統あったりするんですか？

かみじょう：うーん、そのへんは僕もよくわからないですけど、僕は手数系の人も渋いドラムを叩く人も、どっちも好きですね。もちろん、若い頃は、手数系の派手なドラムが好きだったんですけど、おっさんになってくると、やっぱりもう手数とかはいいよとかなってくるので、それこそ、河村カースケさんとか玉田豊夢さんとかが、本当にすごいと思うようになったんですよね。で、そのなかでもやっぱり、村石さんがすごいなと思って、村石さんのドラム道場に行ったわけで。

——なるほど。そういう流れだったんですね。

かみじょう：村石さんって、東京芸大の打楽器科を出ているんですけど、そういうアカデミックなところでちゃんと学んだ人ならではのすごさがあるというか、実際、対バンしたときに半端なかったんですよ。そう、やっぱり俺らはドラマーだからこそ、ああだこうだ考えながら、ああいうグリップしてるとか、今、ドラッグ入れたとか、そういう専門的な見方で見てしまうんだけど、ドラムなんてもっと簡単なものというか、本当は誰にもわかるはずのものなんですよね。それは別のとある師匠に言われたんですけど、「ドラムが上手いか下手かなんて、聴いたリズムに乗れるか乗れないかぐらいの判断でいいですよ」っていう。

林山：どういうことですか？

かみじょう：身体を動かしながら聴いていて、気持ちいいところに入ってくるかどうか、そのドラムを聴きたいとお前が思ったかどうかぐらいの判断でいいんじゃないっていう。だから、すごいことをやっている人もいるし、それこそすごい遅いビートやっていても、欲しいところにストンと入ってくるような人もいるっていう。もう、そのまんまの人って、いるじゃないですか。塩コショウだけで最高の野菜炒め作れるというか。で、そういう人がいる一方、生クリームとかケチャップを混ぜまくって煮込みまくった、むちゃくちゃ複雑な味を作る人もいたりして。で、その両方を、俺は美味しいと思うっていう。

ウソツキのドラムは、どう考えてもキックの音がふくよか過ぎて最高なんです（かみじょう）

——かみじょうさんは、ウソツキの音楽を聴いて、どんな印象を持ちましたか？

かみじょう：音源だけを聴くと、ドラマーとかじゃない限り、絶対ボーカルに耳がいくだろうなっていうのは思いますけど、どう考えてもキックの音がふくよか過ぎて最高なんですよ。あれってビスタライト？

林山：ビスタライトです。「惑星TOKYO」はビスタライトの22インチで、それ以外の曲は24インチを使っています。

かみじょう：だよね。ミドルの音が、ビスタライトだと思った。

林山：今回のレコーディングで、初めてビスタライトを使って……そう、自分で買う前に、かみじょうさんのブログを読み込んだんですよ。

かみじょう：ああ……あんま参考にならなかったでしょ？（笑）ウソツキと違って、うちはギタリストが埋めつくすような音作りをしているから（笑）。

林山：そう。だから、俺は本当に買っていいんだろうかって悩んで。でも、実際に自分で叩いてみて、あのブログに書いてあったことは、こういうことだったんだって、よくわかりました。

かみじょう：それは良かった（笑）。でも、やっぱり、いちばん驚いたのは、キックの音かな。あと、すごい歌心のあるドラムだなって思いました。もちろん、今は、レックで何でもできちゃいますけど、ちゃんと生で拓斗くんのドラムを聴いたことがあったので……そう、ドラム道場の新年会っていうのがあって、そこで道場生がみんな一曲ずつ叩くみたいなことがあって。あ、すごいなってやっぱり思ったし、いい音がいいタイミングで鳴っているんですよね。これはボーカルも、いい声で歌いますよっていう。

——そう、先ほど林山さんの話にもありましたが、「大きい音を出せる」というのは、やはりドラマーとして重要なことなのでしょうか？

かみじょう：そうですね。やっぱり、ドラムの魅力って、音がでかいところだと思うんですよね。ドラムが説得力のある音を出してなかったら超絶つまらないし、ドラムの存在意義がないと思うんです。そう、バラードとかでも、全然でかい音で叩けとか師匠に言われますもん。

林山：言われますね。空気読んでAメロでちょっと落としたりしたら、「何やってんの？」って。

かみじょう：そうそう、音の大小じゃなくて、音質で考えろっていう。

林山：結局、いい音がすべてなところがあるから、音量っていうのは、そこについてまわる要素のひとつでしかないんですよね。だから、デシベルで語っちゃいけないんじゃないですか。僕、一回、佐野康夫さんのレコーディングにお邪魔させてもらったことがあるんですけど、サウンドチェックしているときに、「うわっ、めちゃめちゃ音でかい！」って思って。でも、デシベルで言うと、多分そこまでの音量じゃないんですよ。実は、音の鋭さやパンチ力みたいなものが、すごかったっていう。

——ドラムっていうのは、他の楽器以上に人力の要素が大きいというか。

かみじょう：そうですね。レコーディング機材は、ドラムのようなアナログ機材を、どうきれいに録るかで発展していったとか言うじゃないですか。ジャズみたいに、ダイナミクスが重要な音楽とかはまた別ですけど、ロックとかポップスとかバンドとかってなると、やっぱりドラムの音の大きさは大事になりますよね。

ドラムのことなんて何も知らない人が、「このリズムいいね」って聴いてくれることがいちばんいい（林山）

——アルバム『惑星TOKYO』のドラマーとしての聴きどころを挙げるなら？

かみじょう：さっきも言ったように、とりあえず全曲にわたってキックの音が最高なのと……あと、ハットの使い方が結構うまいよね？

林山：マジっすか？ありがとうございます（笑）。

かみじょう：や、俺、最近すごいハットについて考えるんだけど……それこそ、「どうかremember me」とかって、あれはシャッフルなの？

林山：あれは、シェイカーですね。

かみじょう：あ、シェイカーなんだ。なるほどね。これ、どうやって叩いてるんだろうと思って。

林山：プリプロのときはハイハットでやってたんですけど、何か違うと思って。で、頭のハットだけ残してあとは、シェイカーにしたんです。

かみじょう：そう、アクセントと言われるのがキックとかスネアで、そのつなぎ目がハットとかになると思うんですけど、その使い方がすごい上手いなあと思って。うどんとかで言うところの「つなぎ」がしっかりしているっていうのかな。今話したように、そこにシェイカーが入ると気持ち良くなるとか、「人生イージーモード」みたいにハットを抜いてアタックの代わりに入れるとか、すごい面白いなと思って。

林山：そういうのって、ドラマーの人じゃないと、わかってもらえないんですよね（笑）。でも、多分それはいいことだと思っていて。さっきのかみじょうさんの話じゃないけど、ドラムのことなんて何も知らない人が、「これいいね」とか「いいリズムだね」って聴いてくれることが、多分いちばんいいことなんですよね。

かみじょう：ちなみに、もう一個聞いていい？「惑星TOKYO」の2サビが終わったあとのあれって、人力でディレイしているんだよね？

林山：あ、人力ディレイです（笑）。

かみじょう：だよね？いや、さすがだわ。

林山：最初、普通に機械でディレイをかけようかって言っていたんですけど、自分でできることは自分でやったほうがカッコ良いよねっていう話になって。

かみじょう：俺もそう思うよ。それならライブでもやりやすいからね。

林山：そうです。そういうのって、あの人力ディレイは、結構ポイントなので、指摘してもらえてすごい嬉しいです（笑）。

——林山さんのほうから何か質問はありますか？バンドを続ける秘訣とか。

林山：バンドを続ける秘訣……でも、俺、意外とバンドで悩んだことが、あんまりなくて。

かみじょう：おお。それは、すごい幸せなことだと思うよ。

——そこは順調なんですね。

林山：順調っていうか、何かもう、やることは決まっているみたいな感じなんですよね。だから、質問するとしたら、すごく抽象的なことになっちゃうんですけど……いいライブをするには、どうすればいいですか？

かみじょう：それは俺も聞きたいよ（笑）。

林山：（笑）。

かみじょう：でも、自分のルーチーンみたいなものを、しっかりやっておくことは大事かも。ちゃんと屈伸とかをやったり、あと俺は、ライブ前に絶対レッドブルを飲む。

林山：ああ……俺、エナジードリンク飲まないんですよね。何かテンポがわからなくなっちゃいそうで。

かみじょう：いや、菅沼孝三さんが本で書いていたけど、ドラマーはライブ前に血糖値を上げといたほうがいいらしくて。血糖値が下がっているときって、リズムがわからなくなるんだって。そう、朝起きたときに、すごい速い曲を聴くと、めっちゃ速く聴こえたりしない？

林山：めっちゃ速いっす。

かみじょう：あれぐらい心臓の鼓動と自分の体感BPMっていうのは関係していて……血糖値が上がったときって、心臓の鼓動が一定になるのでリズムが狂いにくくなるんだって。もちろん、緊張した場合は、速くなったりするんだけど。だから、俺、ライブのスタート20分前とかに、おにぎり食ったりするよ。実際やってみたら、結果が良かったので。

林山：今度、やってみます！

楽しいと思ったことを全部やるだけでいい。ダメだったものは勝手に淘汰されるから（かみじょう）

——先輩ドラマーとして、他に何かアドバイスはありますか？

かみじょう：アドバイス？うーん、そうですね……デビューしてから10年近くプロドラマーとしてやってきたけど、学ぶことなんて、死ぬほどあるというか、全体的なレベルが、どんどん上がってきているんですよね。だから、何もしなければ、取り残されるだけというか、常に進歩して、やっといつも通りのところにいられるんですよね。パソコンみたいなもので、5年もあれば、流行りのものも時代遅れになるっていう。だから、僕も常に何かを取り入れようという意識は持っていて。ただ、一歩先をいってしまうと、お客さんがついてこないから、半歩先ぐらい？今までのものを踏襲しつつ、ちょっとだけ新しいことをやるみたいな感じがいいかもしれないですね。それで結構うまくいった気がするので。

林山：俺、かみじょうさんの何が好きって、プライベートで話すと、「ドラムなんか適当でいいよ」みたいなこと言うところなんですよね。

かみじょう：言ってねえよ、そんなこと（笑）。

——（笑）。とはいえ、ドラムの研究はちゃんと続けていて……適当さとストイックさが入り混じっているところはありますよね。

かみじょう：というか、自分が悩んだり真面目に考えていることは、別に表現しなくていいと思っているんですよね。「俺はこんな生き方をしてきたんだ」とか「こんなにつらかったんだ」みたいなことを飲み屋でおっさんが語っているのを見て、「ダセえな」って思っていたほうなので。自分のことは、自分のなかで消化するからいいんですよ。

林山：そこがカッコ良いというか、かみじょうさんみたいに、自分のなかで一個、基準みたいなものがあると、それに基づいて行動できるから、そういうのは欲しいなって思いますね。

かみじょう：大丈夫。そんなのは、やっていれば勝手にできるから（笑）。

――では、そろそろこの対談も締めに入りたいと思います。最後に、先輩かみじょうさんから、後輩林山さんに何かひとつエールを。

かみじょう：やっぱり、素晴らしいボーカルがいるっていうことも含めて、何が所でどこをどうするともっとカッコ良くなるかっていうことを考えると、拓斗んが今みたいに最高のドラムを追求していくことだと思うんですよね。まあ、を聞いていると、何をやるべきかっていうのは、もう明確にわかっているそうだけど（笑）。しかも、それが今、さらに見えてきそうになっているというか。だから、人生楽しそうだなっていうか、きっとこれから面白いことばっかりですよ。

――迷わずその道を進みなさいと。

かみじょう：そうですね。自分が正しいと思ったことをやるぐらいしか、正解ってないと思っているので。やった結果、ダメだったものは、もう勝手に淘汰されていくので、楽しいと思ったことを全部やるだけでいいと思います。

林山：ありがとうございます。とりあえず、9ミリと同じイベントに出られるように頑張ります。

かみじょう：あ、そうだね。っていうか、今度、対バンしようよ。

林山：よろしくお願いします！

GOCHISOUSAMA

Message

アルバム発売おめでとうございます！)^o^(聴いた瞬間から、キックの音色のふくよかさと歌メロの美しさにヤラれまくりです(O_O)
拓斗ちゃん…かっこいいなぁ)^o^(コレ、この世で味わえる最高のポップロックじゃないですか―？！)^o^(大変素晴らしゅう御座います☆～(ゝ。∂)
かみじょう ちひろ （9mm Parabellum Bullet / Dr）

Profile

かみじょうちひろ
2007年、ロックバンド9mm Parabellum Bulletのドラマーとしてメジャーデビュー。現在までにオリジナルアルバム7枚、ベストアルバムをリリース。
2010年、初のリズム＆ドラム・マガジンの表紙を飾り（以降2013年にも表紙となる）、新世代を代表するロック・ドラマーとして注目を集める。
2015年、教則本「かみじょうちひろ / 9mm Parabellum Bullet Tricky Drum Paradise」（リットーミュージック）より発売。
要塞のようなドラムセット、ツーバス＆スティックトリックは今や象徴とも呼べる。

※この対談は2017年に行われました。

Musical Instruments and Parts

01 **02** **03**

Vo&Gt TAKEDA

GUITAR

01.Fender Custom Shop Stratocaster Eric Clapton Signature

俺はこのギター一本で食ってくんだ！という意気込みで専門学校に入学した日に購入しました。
いろんな事を教わったギターです。

02.G&L ASAT CLASSIC

高校生の頃YUIに憧れて買った赤いテレキャスター
あれちょっと色が違うぞ？ということに
いえに帰ってから知ります。

AMPLIFIER

03.VOX AC-15HTVH

VOXの50周年記念モデルEQもほぼないので
ただ刺したその音でほとんど曲を弾いてます。
最高にシンプルで好きな音です。

Gt YOSHIDA

GUITAR

04.Fender Custom Shop Total Tone Strat Caster（White×Gold）
フロントで弾くリードやソロがとても気持ちいい所。
今作ではセンターも多用。

05.Gibson Les Paul Standard 50s（Sunburst）
綺麗なクリーンと比較的軽い所。
今作ではストラトと半々くらいで使用。

06.Martin D-25k
事務所に伝わる数多くのミュージシャンが弾いたというギター。
とにかくむっちゃ鳴ります。

07.Fender Telecaster（Blonde, No photo）
キラキラした音。一生分のラブレターで使用。

AMPLIFIER

08.Orange AD140HTC
ほとんどの曲で使用。個性的なOrangeらしいジュワッとした
クランチが好き。シンプルな分、ヌケが良い。

09.Two-Rock K&M Custom
艶と太さが凄い。
どうかremember meで使用。

10.Divided by 13 1×12 Combo（No photo）
キラキラした音。一生分のラブレターで使用。

EFFECTOR

11.Guyatone WR2（No photo）
超個性的なオートワウ。地下鉄タイムトラベルで使用。

12.ARC EFFECTS KLONE V3（No photo）
ブースター。

13.自作ケンタウロス
自作ブースター。

04 **05** **06** **08** **09** **13**

Ba Fujii

BASS

14.JB-2005/Crews maniac sound
5弦ジャズベース。
2012年ごろから使用しています。
5弦ですが、ウソツキの楽曲で5本目の弦を使っているのは「アオの木苺」と
「過去から届いた光の手紙」だけです。
アクティブタイプですが、ほぼパッシブに近い音で、あくまで音質の調整の為に
ベースとトレブルがいじれるようになってます。
造りが本当にしっかりしていて、今までネックの反りや音のビビりがほとんどなく、
安心して使用しています。

15.OS-PB/Crews maniac sound
4弦プレジションベース。
2014年ごろから使用しています。
このプレベの特徴はバダスブリッジを使用していて、これによって音の輪郭が
くっきりしていてサステインも伸びています。
もともとベースを始めた当初はプレベタイプのものをずっと弾いていたので、
プレベの方が馴染みが良く弾きやすいです。

AMPLIFIER

16.B-15/Ampeg
ヴィンテージのベースアンプ。
スタジオにあるものお借りしていて、「金星人に恋をした。」からずっとこれを
使っています。とにかく、音が良いです。これより良い音が出るアンプにまだ出会っ
ていません。見た目も可愛らしく、文句のつけどころがないアンプです。欲しい…。

EFFECTOR

17. 名称「?」
ドラムテックの方が持ってきてくれたものでお借りしました。
中にシールドが入ってるだけのもので、通すことで音質を変えます。
一番上の「helicopter」は実際にヘリコプターで使われているものらしく、
「轟音の中でも聞こえやすくする」ためのものだそうです。
今回はこの「helicopter」とOS-PBの相性が抜群で、かなり重宝しました。

Dr HAYASHIYAMA

RUM SET　18.Ludwig vista lite BD24 tom14 Ft16.18
に入っている所はまず色！大きさ！叩く人を選ぶミッドレンジの強調され具合ですが、
回のレコーディングではいい演奏ができた分めちゃくちゃいいバスドラの音が録れました。
晴らしい楽器です。

CYMBALS　19.MEINL Byzance traditional series
ハイハットは明るすぎず、無駄な倍音がでず、歯切れよい音がとてもよいです。クラッシュ
シンバルはゆったりした立ち上がりで、基本的には音が丸く叩き方で音色をできるだけ
コントロールしたい僕にとってはとても扱いやすく、曲を選ばない万能なシンバルです。

USOTSUKI

HANDCLAPS

20.Takeda
21.Yoshida
22.Fujii
23.Hayashiyama

DISCOGRAPHY

惑星ＴＯＫＹＯ
ウソツキ

2017/4/12 release
2nd Full Album

「惑星TOKYO」

1. 惑星TOKYO
2. 人生イージーモード
3. 一生分のラブレター
4. コンプレクスにキスをして
5. どうか remember me
6. 地下鉄タイムトラベル
7. ハローヒーロー
8. 心入居
9. 夢のレシピ
10. 夢屋敷
11. 本当のこと

UKDZ-0181 ¥2,500 (＋税) DAIZAWA RECORDS / UK.PROJECT

2016/7/13 release
3rd Mini Album

「一生分のラブレター」

1. 一生分のラブレター
2. ボーイミーツガール
3. 恋学者
4. 地獄の感情無限ロード
5. ハッピーエンドは来なくていい

UKDZ-0170 ¥1,500 (＋税) DAIZAWA RECORDS / UK.PROJECT

2015/10/7 release
1st Full Album

「スーパーリアリズム」

1. ミライドライバー
2. 水の中からソラ見てる
3. 旗揚げ運動
4. 春風と鈴鈴
5. 転校生はエイリアン
6. 金星人に恋をした（S.R.mix）
7. ネガチブ
8. 1、2、3、
9. 明日世界は終わらない
10. Roll Roll Roll
11. 新木場発、銀河鉄道（S.R.mix）
12. きっと友達

UKDZ-0167 ¥2,500 (＋税) DAIZAWA RECORDS / UK.PROJECT

2015/1/21 release
2nd Mini Album

「新木場発、銀河鉄道は行く。」

1. 新木場発、銀河鉄道
2. 過去から届いた光の手紙
3. 一日だけヒーロー
4. 綿飴とりんご飴
5. 時空間旅行代理時計

UKDZ-0160 ¥1,500 (＋税) DAIZAWA RECORDS / UK.PROJECT

2014/6/4 release
1st Mini Album

「金星人に恋をした。」

1. 金星人に恋をした
2. 君は宇宙
3. アオの木苺
4. 京葉線 SOLDOUT
5. ピースする
6. ダル・セニョールの憂鬱

UKDZ-0154 ¥1,000 (＋税) DAIZAWA RECORDS / UK.PROJECT

BIOGRAPHY

決して嘘はつかないバンド、ウソツキ。
2013年夏に現在の4人編成となり、東京を中心に
活動している "王道うたものバンド"。
2014年6月、ミニアルバム『金星人に恋をした。』
にて〈DAIZAWA RECORDS/UK.PROJECT〉から
デビュー。2015年1月、2ndミニアルバム
『新木場発、銀河鉄道は行く。』10月には1st
フルアルバム『スーパーリアリズム』をリリース。
2016年は大型フェスや全国のサーキットイベント
出演等、精力的にライブ活動を行い、7月には3rd
ミニアルバム『一生分のラブレター』、2017年4月
12日に2ndフルアルバム『惑星TOKYO』をリリース
5月13日（土）より初の全国ワンマンツアー
〈「惑星X」星跨ぎツアー〉がスタート。
7月7日（金）渋谷大和田さくらホールにてツアー
ファイナルワンマンライブを開催。

Official site 👽 usotsukida.com

Twitter 🐦

Official @usotsukida
Takeda @usotsuki_takeda
Hayashiyama @boss_t_h
Fujii @usotsuki_ba
Yoshida @Ken1992Yoshi

惑星 TOKYO
MUSIC SCORES

惑 星 ＴＯＫＹＯ

作詞・作曲　竹田昌和

竹田昌和（Vo & Gt）
最初のアコギのフレーズがキモです。出来るだけ淡白に東京の冷たさを意識しつつ、クールに弾いてください。

吉田健二（Gt）
DVDのレッスンではわかりやすいようにハッキリしたディレイ音でしたが、実はディレイの音色のトーンを程よく絞ったほうがノリを邪魔しません。

藤井浩太（Ba）
この曲で大事なのは「音の長さ」です。タッタッタという３つの音、それぞれ音の長さが違います。これがグルーヴを生むので、繰り返し練習をして研究してみてください。

林山拓斗（Dr）
１サビまでのフィーリングをサビでスネアが入っても崩れないように。ハイハットを歯切れよく、そして裏のアクセントを意識して叩いてください。２サビの後のソロのようなフレーズは慣れれば簡単なので頑張ってトライしてください！

34

36

38

40

42

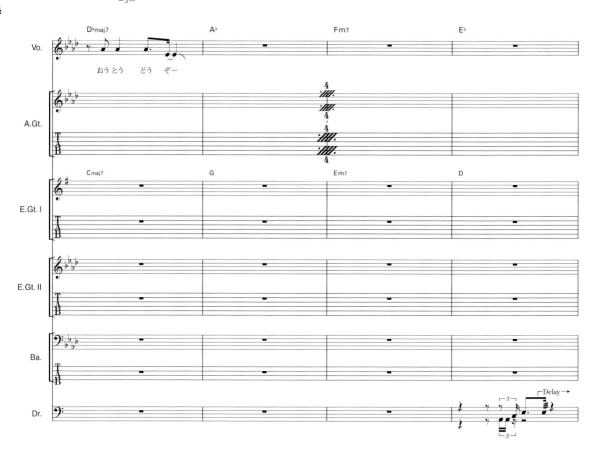

44

きこえ ていますか?　　あのひ の ぼく へー　　きこえ ていますか?　　ぼくはなん とかやって ますー

46

おうとう　どうぞー　　ここはわくせいとう きょうー　　おまえ がゆめみた ー　　ここはわくせいとう きょうー

48

49

50

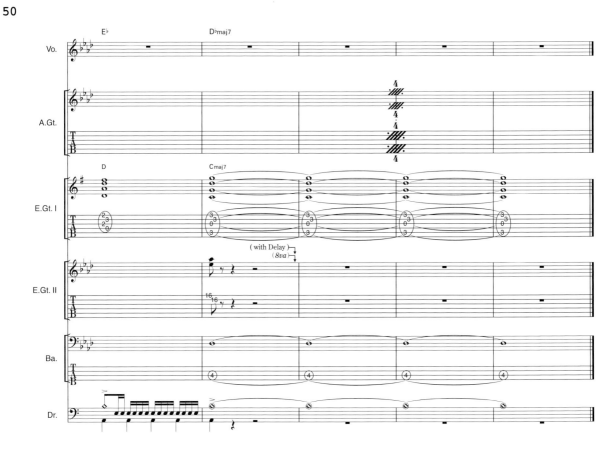

〈 E.Guitar III Part 〉

人生イージーモード

作詞・作曲　竹田昌和

竹田昌和（Vo & Gt）
リラックスして最後のドレミファソラシドと上がっていく所は自分の音域の新しい扉を開いてください。あなたならきっと出来ます。

吉田健二（Gt）
リフの折り返しのスライドの速さと到着時間が、キモです。Ｂメロに入ったら思い切り縦ノリを意識してください。

藤井浩太（Ba）
イントロ、Ａメロのフレーズはきっちり16分に当てはめてタイトに弾くとノリが出ます。最後のサビの前では、思いっ切りグリスをして迫力と勢いを出しましょう。

林山拓斗（Dr）
イントロ〜Ａメロにかけて２分音符のハイハットが特徴的なリズムになっていますが、キックとの関係性がとても大事なので、それぞれがずれないように軽快に叩くとよいです。Ｂメロとサビはロックに頭打ちしましょう！

52

54

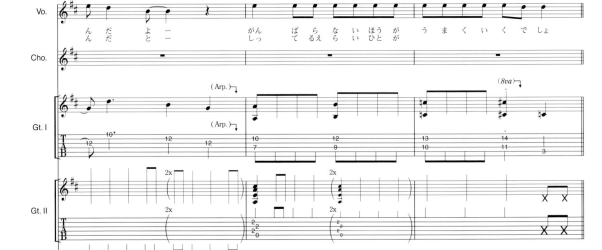

かんがえなくていいー　　　　いいぜーいいぜー　それでいいぜー

64

「はい、じゃ 頑張りません。」ちからを　ぬいてたのしめ

がんばらなくていいー

66

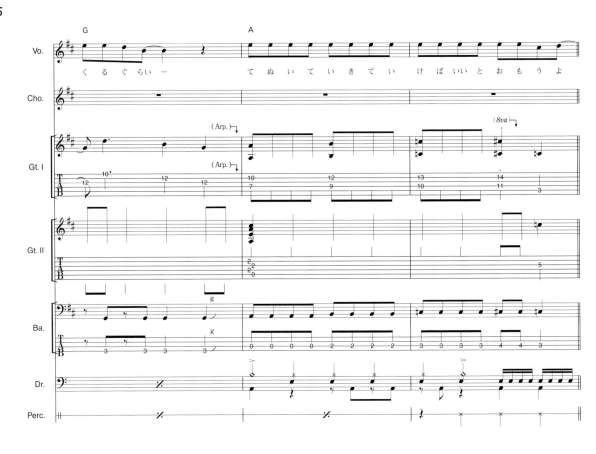

68

一生分のラブレター

作詞・作曲　竹田昌和

竹田昌和（Vo & Gt）
リードギターのアルペジオと上手く溶け合うように少し
硬めの音作りにすると良いと思います。その2本で空間
を埋めるイメージです。あとは愛を叫ぶだけです。

吉田健二（Gt）
リズム隊がグングン引っ張っていくので、ギターは繊細
に弾きましょう。

藤井浩太（Ba）
同じ音量、同じ力で、力強い8ビートになるように意識
しましょう。最後のサビの派手なフレーズは、かなり大
きな動きをしますが、しっかりグリスで繋いで途切れな
いように弾きましょう。

林山拓斗（Dr）
4つ打ち（裏打ち）入門のような曲です。歌詞の物語がど
んどん進行して行くようにドラムも後半にかけて少しず
つ熱くなっていけると良いと思います。熱くなりつつ、
タイトなリズムであることがとても大事です。ベースの
8分を意識してしっかりリズムを支えてください。

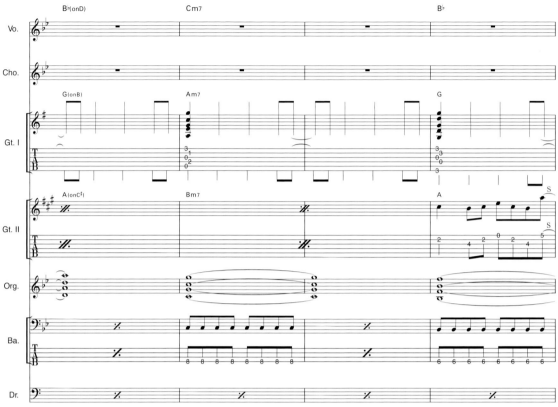

72

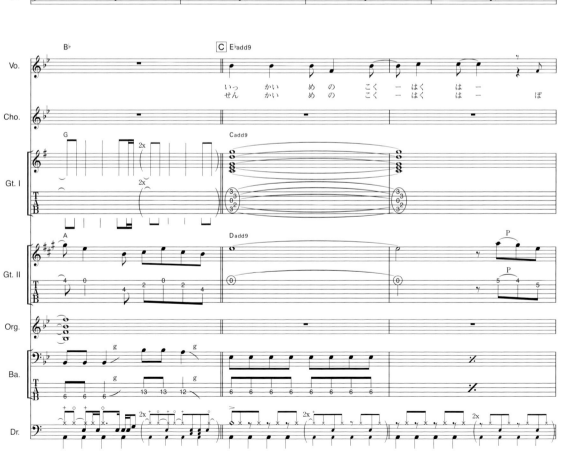

to ⊕ 2.

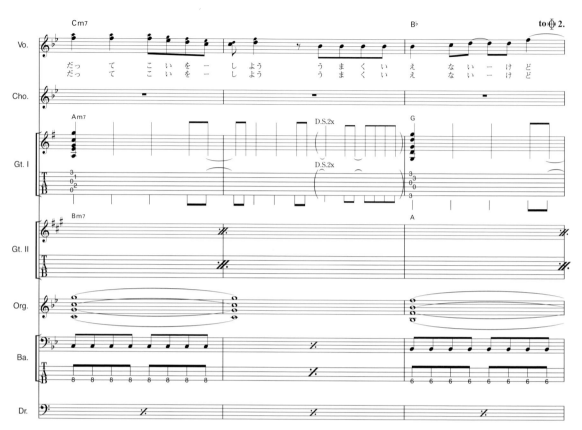

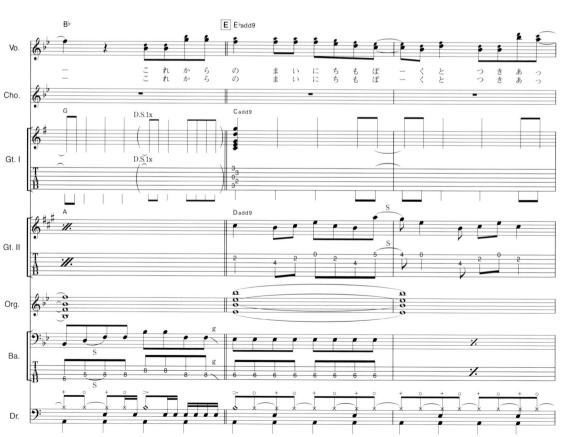

77

80

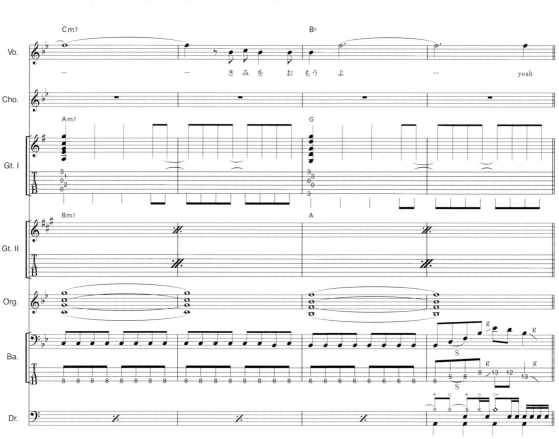

82

83

コンプレクスにキスをして

作詞・作曲　竹田昌和

竹田昌和（Vo / Gt）
相手の目を見て歌ってください（笑）

吉田健二（Gt）
短い音のミュート加減が重要。AメロはブリッジでミュートＴ、サビは弾いた直後に左手指でミュートする等。

藤井浩太（Ba）
16分を感じて、バスドラとスネアをよく聞いて弾きましょう。「ここにスネアがくると気持ちいいな」という感覚で弾くとやりやすいと思います。

林山拓斗（Dr）
ダンスをしたくなるような渋い４つ打ちを目指してほしいです。レコーディングでは全編フォルテ気味に叩いていますが、聴感上うるさくならないように気をつけることが大事です。リズムはシンプルですがテンポ感が絶妙に難しいので走らず、もたらずの意識で叩きましょう。

84

88

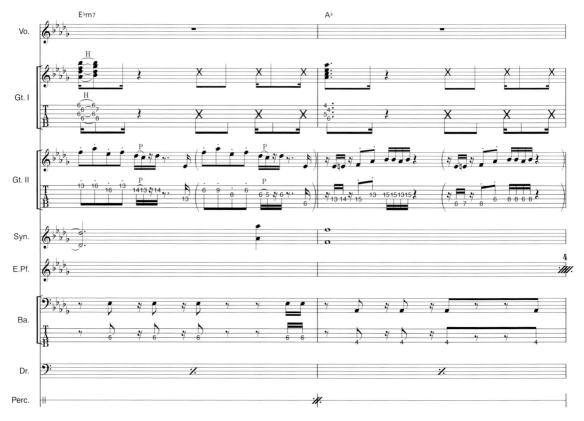

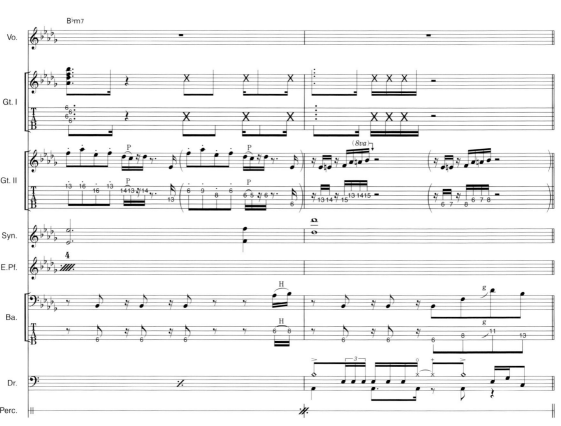

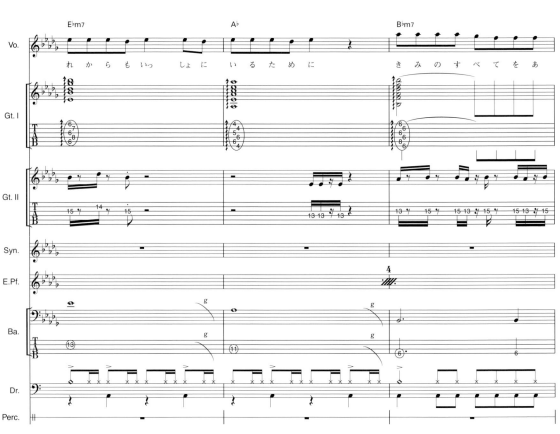

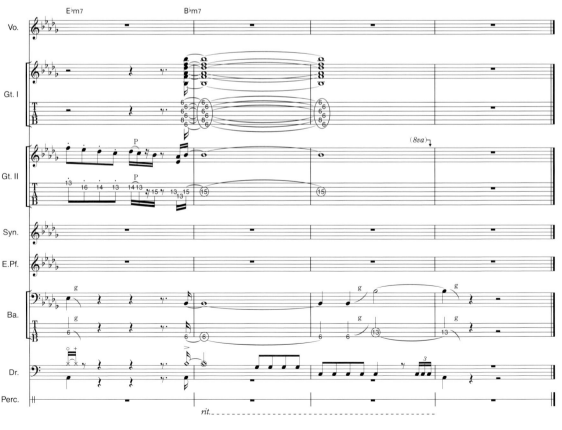

99

どうかｒｅｍｅｍｂｅｒ　ｍｅ

作詞・作曲　竹田昌和

竹田昌和（Vo & Gt）
ギタレレ（エレキでもあり）アルペジオ難しいのでちゃんと弾けるようになるまで練習してからみんなで合わせてください。歌はトボトボ歩くように歌っていれば自然と感情が動いていく筈です◎

吉田健二（Gt）
Gt.Ⅱはシンプルなだけに音の繋ぎ方やリズムを丁寧に。Gt.Ⅲのスライドギターはルーズな上がり方が○。程よく歌わせましょう。

藤井浩太（Ba）
レコーディングでは、ブリッジに布を挟んでミュートしながら弾きました。少し突っ込むぐらいの感覚で、前ノリでルンルンな感じに弾くと良いです。

林山拓斗(Dr)
とても簡単な曲ですが、3連符を常に意識していないと、どこか間の抜けたリズムになりがちなのでそこは気をつけてください。ハイハットの閉じ具合で音色が色々変わるので曲にあった音を探してみてください。僕は閉じすぎず、暖かい音色になるように叩いています。

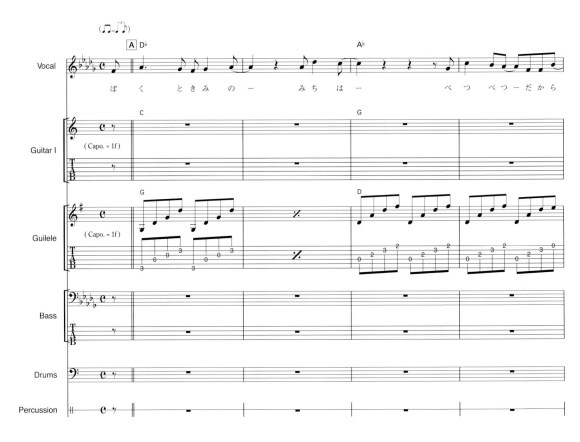

101

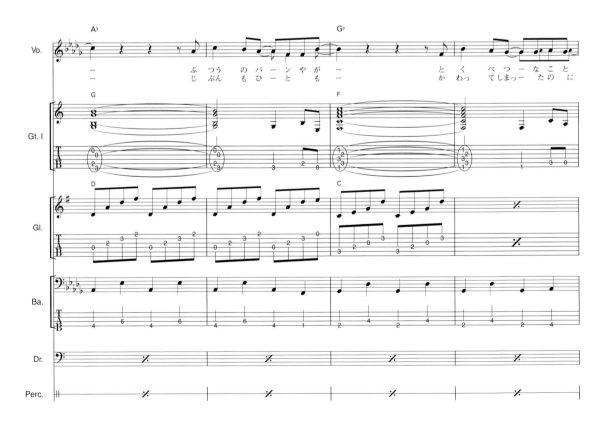

103

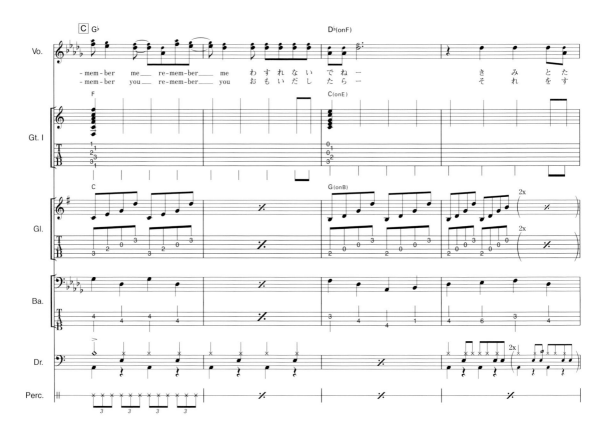

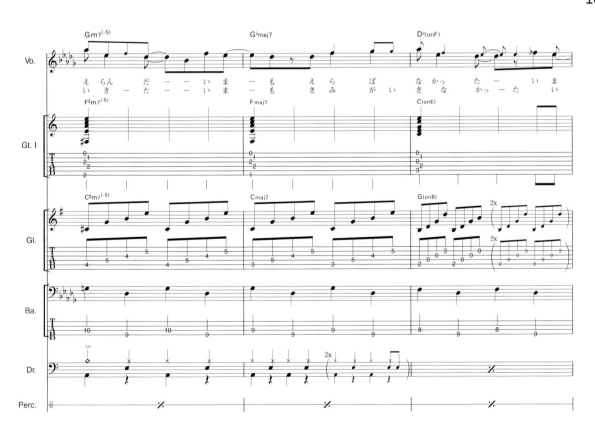

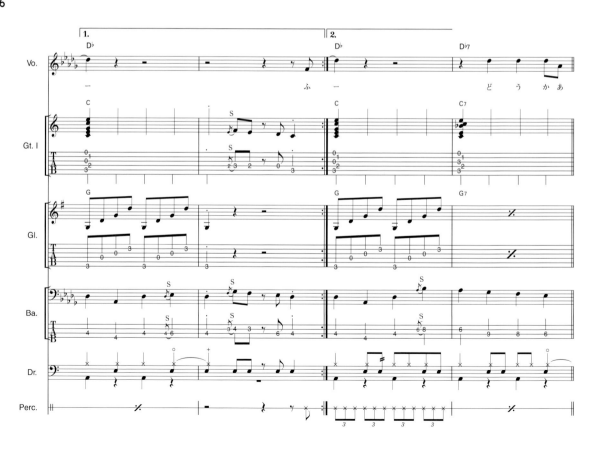

108

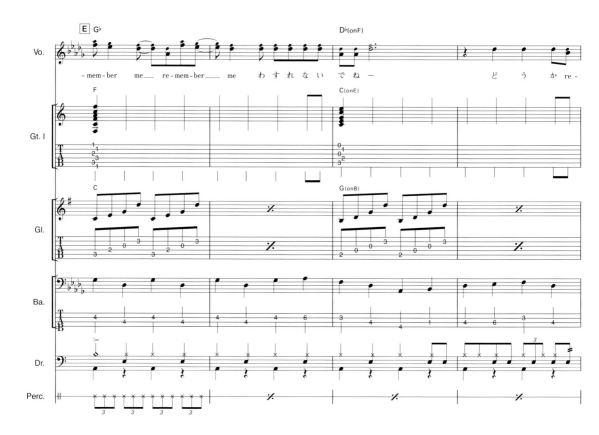

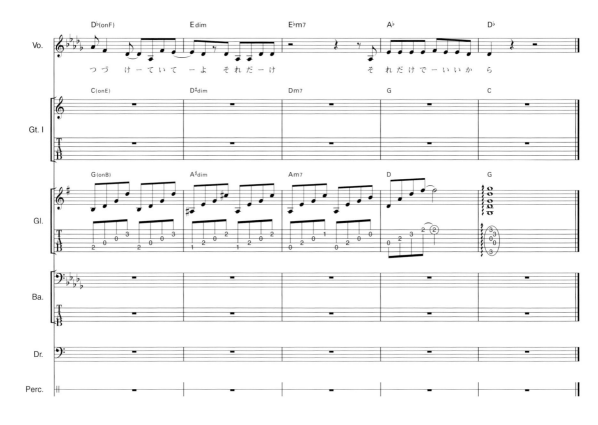

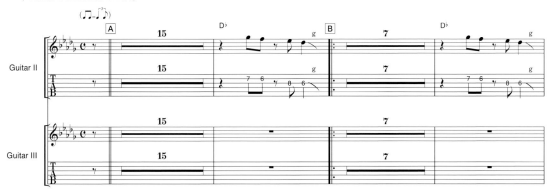

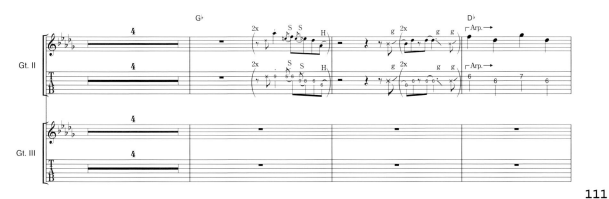

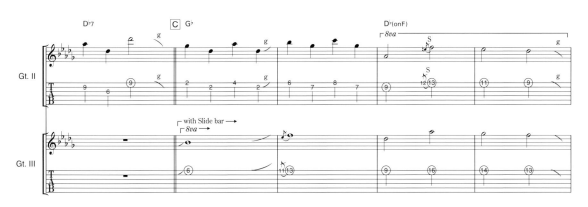

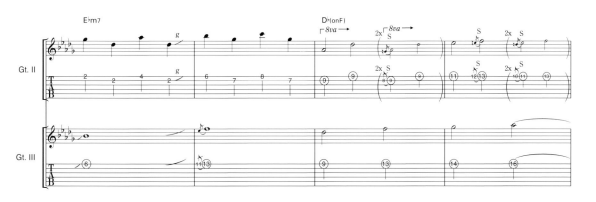

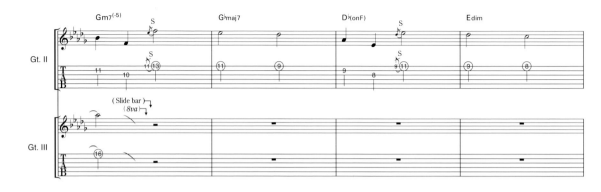

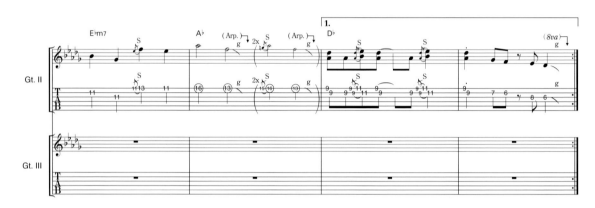

112

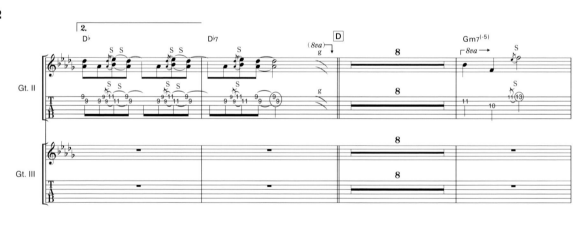

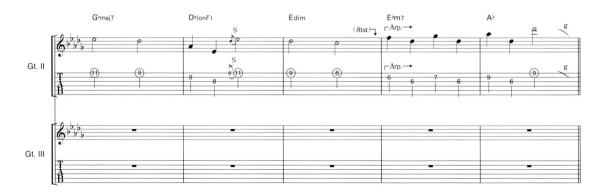

113

地下鉄タイムトラベル

作詞・作曲　竹田昌和

竹田昌和（Vo & Gt）
ドラムと一体になるように、前へ前へ走っていくイメージで弾いてください。

吉田健二（Gt）
オートワウでチャカポコして遊びましょう。イメージはドリフ。

藤井浩太（Ba）
イントロ〜Aメロのフレーズでは、クイが突っ込まないよう、クイのあとがモタらないように気をつけましょう。サビはバスドラをよく聞いて、バスドラとベースが一つの音になるイメージで弾くと良いと思います。

林山拓斗（Dr）
リムショットでカンカン鳴らして気持ちいい曲です。なんとなくバカっぽく叩くと雰囲気がでます。テンポが少し早いのでリズムがしっかりドライブするようにキックとスネアのタイミングには注意して叩いてください。

114

116

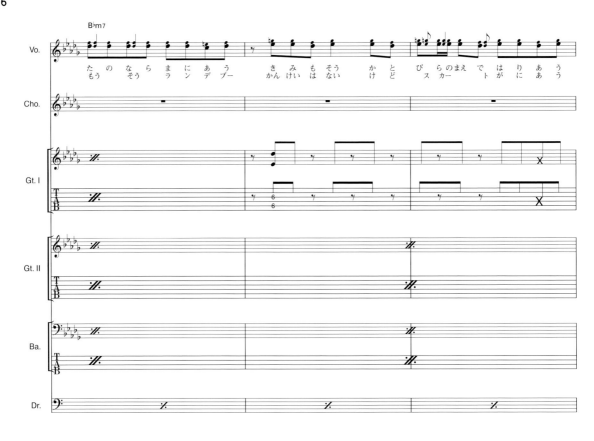

118

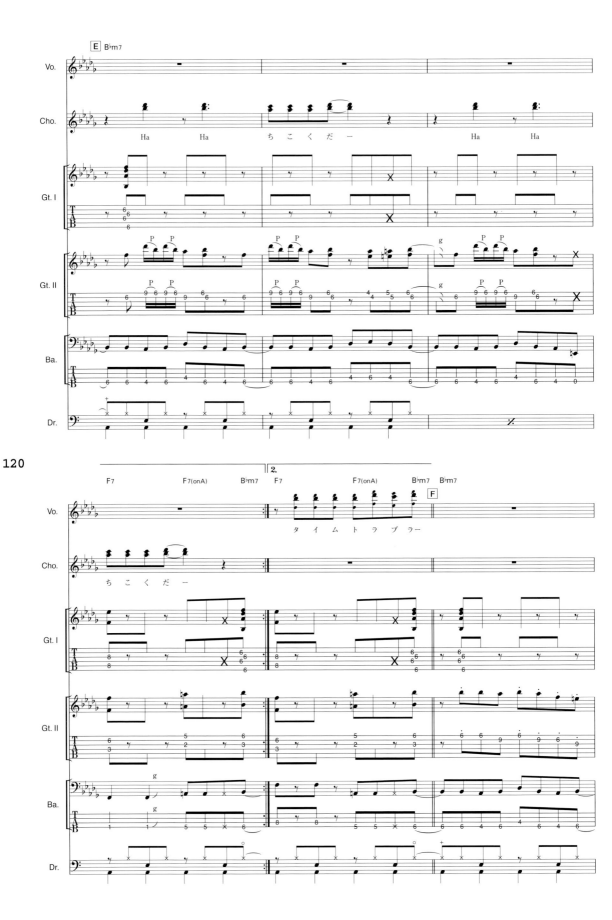

120

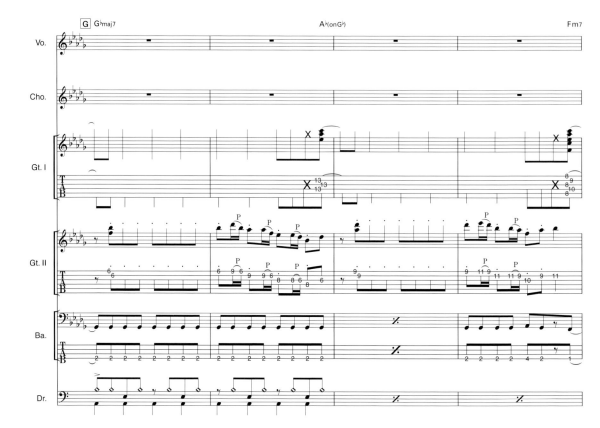

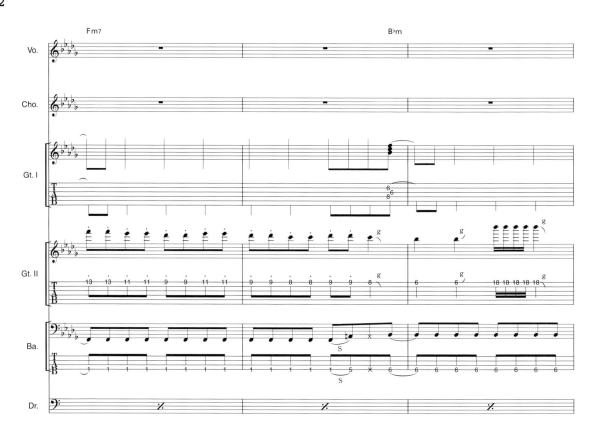

124

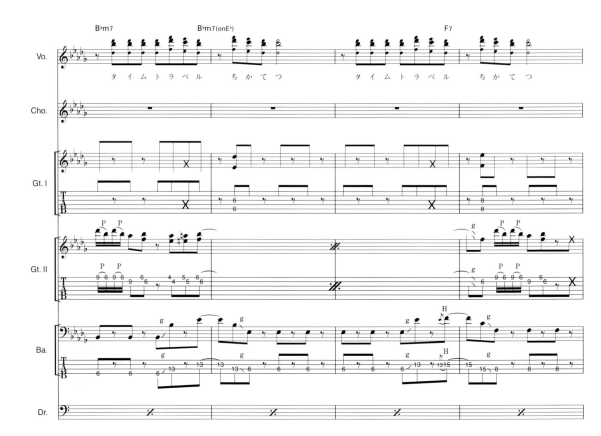

126

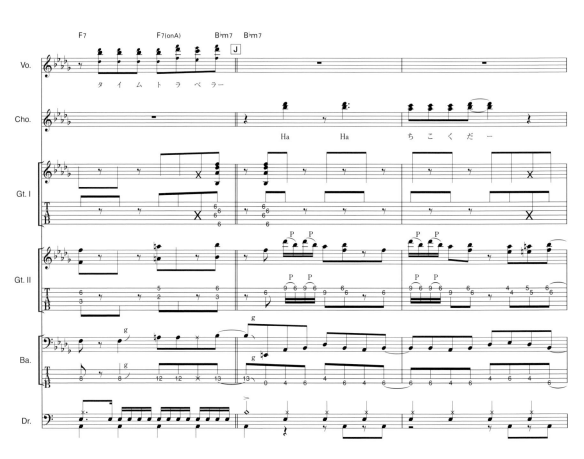

ハローヒーロー

作詞・作曲　竹田昌和

竹田昌和（Vo & Gt）
ミュートのギターは淡々と、サビは足をしっかり踏ん張ってかき鳴らしてください。

吉田健二（Gt）
リフがハンマリングやスライドを多用するので、綺麗に弾けるように練習してください。

藤井浩太（Ba）
サビや間奏では横ノリのフレーズになりますが、その中でも8ビートがずっと続いてる意識を忘れずに弾いてください。

林山拓斗（Dr）
こういう曲はどれだけ入り込んで叩けるかが大事になると思います。Aメロはタイトに、Bメロで盛り上げて、サビで開く、という王道的なリズム展開なのでそこをしっかり押さえて練習してください。キックとのコンビネーションが少し難しいフレーズも出てきますが、色々な曲に応用できる物が多いので、是非トライしてください！

128

132

134

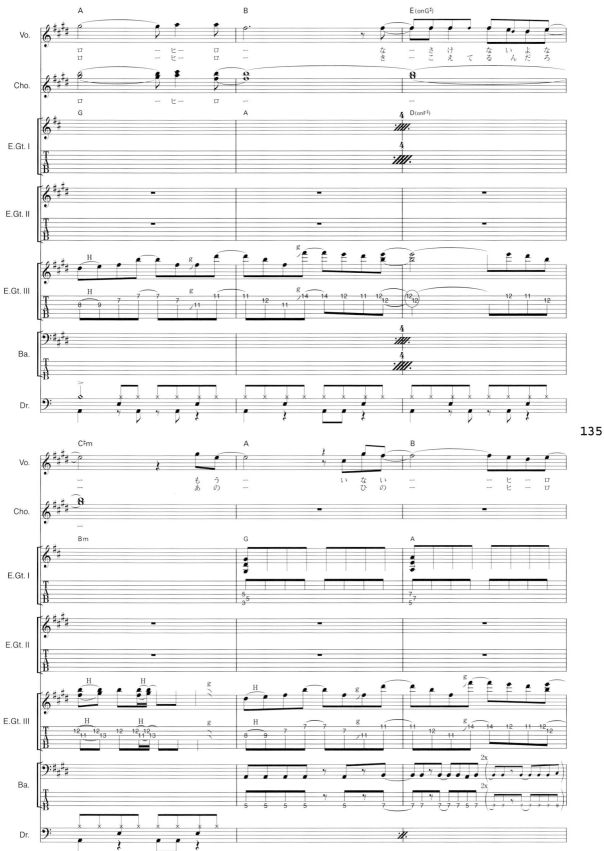

136

138

142

143

心 入 居

作詞・作曲　竹田昌和

竹田昌和（Vo & Gt）
ファルセットと地声をコントロールするのが難しい曲です。力を抜いて自然と出来るように練習してください。後は気持ち悪がられてもめげずに歌ってください。

吉田健二（Gt）
カッティングが主なギター。ポジションの移動が多くて難しいので、空ピッキングをうまく使いながらノリを出しましょう。

藤井浩太（Ba）
個人的には最難関の曲です…。コンプレクスと同じく、16分を意識しつつ、スネアの位置をイメージしながら弾くと良いと思います。フレーズが細かくなって力まないように気をつけましょう。

林山拓斗（Dr）
とても小さな音量で音を太く出すイメージで叩いた曲です。レコーディングではスネアに切ったヘッドを一枚重ねて音を作りました。ローピッチのダスッという音がとても合います。同じリズムが全編続く曲ですが、小さく叩いているのでリズムキープ、フィーリングのキープが難しいです。リズムにトリップするイメージで気持ちよく叩いてください。

148

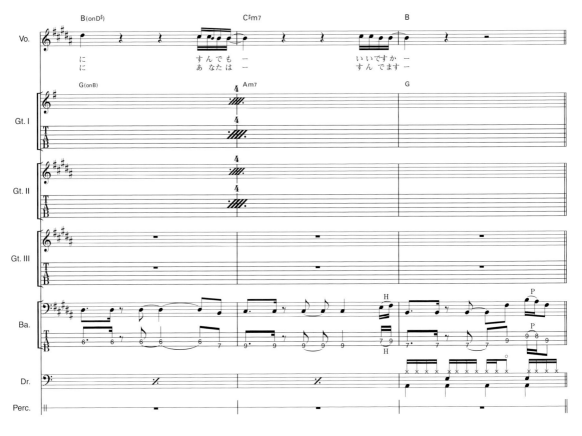

151

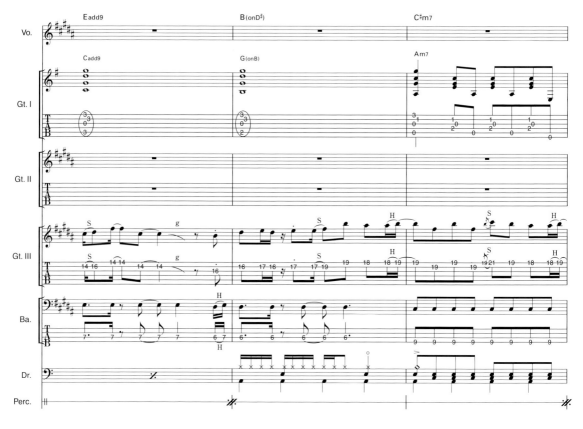

156

158

Fade Out

夢のレシピ

作詞・作曲　竹田昌和

竹田昌和（Vo & Gt）
カッティングは歯切れよくリズムをドライブさせていくイメージで、サビ頭の「さぁ！」という部分でハモと一つになる感覚を大事にしてください。

吉田健二（Gt）
サビはドラムのエイトビートにシンクロするようなギターを弾きましょう。ギターソロはノリノリで。

藤井浩太（Ba）
この曲はとにかく勢いと熱量が大事です。疾走感のある８ビート、派手なグリスを意識してください。間奏のスウィープですが、弾き方は一つではないと思います。左右の指を全部使って、色々試してみてください。

林山拓斗（Dr）
この曲のイメージは「根はワイルドだけど紳士に叩く」感じです。Ａメロのリズムはできるだけタイトに刻んでサビにかけて、少しだけワイルドにしていきましょう。そしてサビの後半の頭打ちからのフィルは豪快に決めてください。曲の盛り上げ方が肝になってくる曲です。

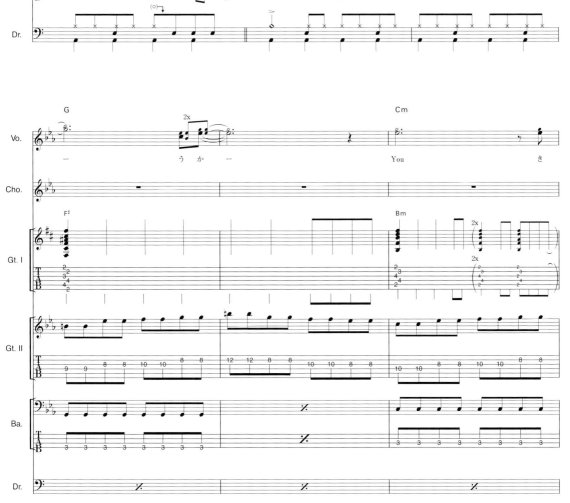

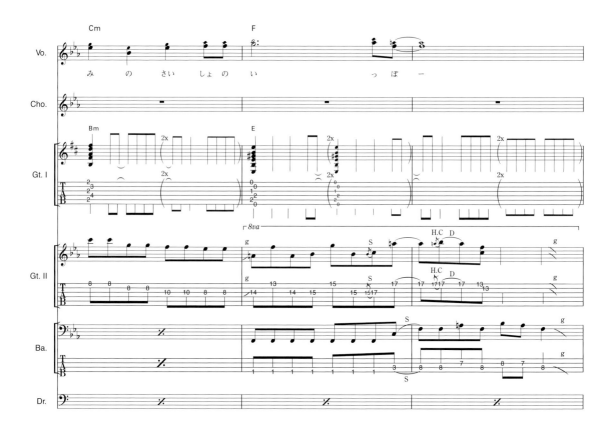

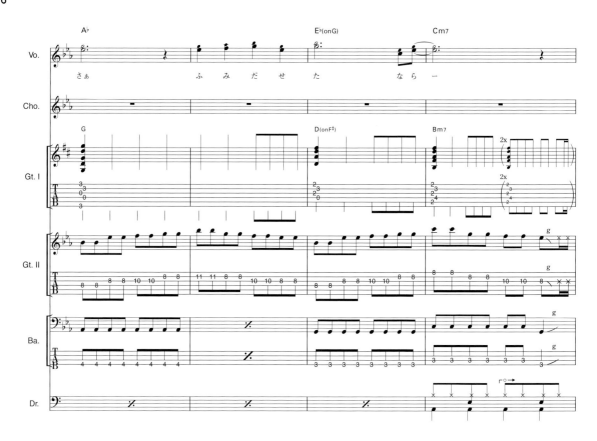

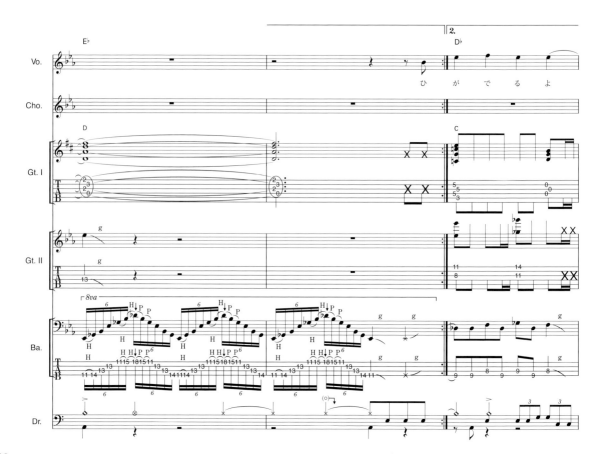

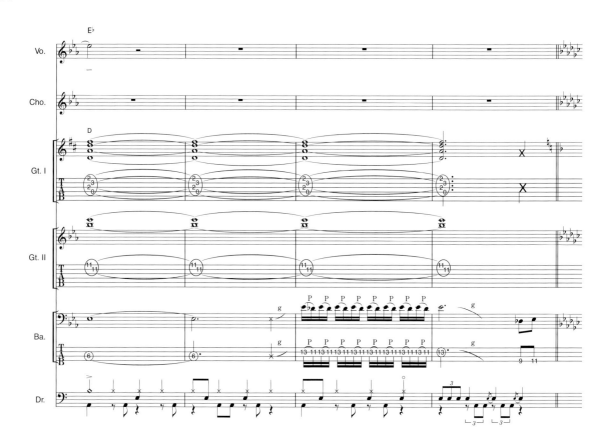

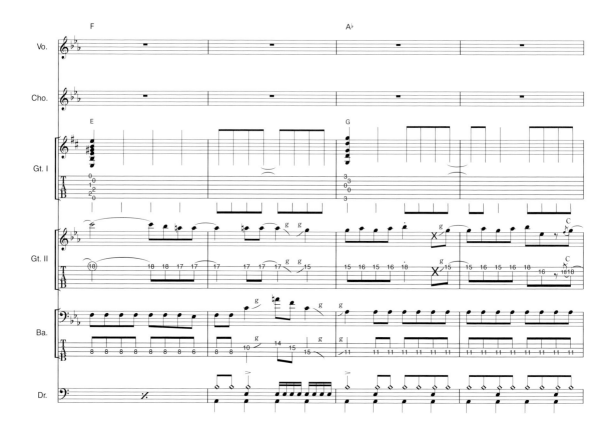

176

夢 屋 敷

作詞・作曲　竹田昌和

竹田昌和（Vo & Gt）
ピアノは感情的になる所をグッとこらえて淡々と、歌は
バンドの呼吸をよく聞いてストンと納めるイメージで声
を出してください。

吉田健二（Gt）
Aメロのテッテッテのリズムが難しいです。繰り返し練
習が必須です。

藤井浩太（Ba）
音を長く弾くイメージが大事です。音符目一杯まで音を
伸ばして、ミュートもきっちりやりましょう。「たまった
夢に〜」のフレーズではグリスを使って色気を出しま
しょう。

林山拓斗（Dr）
一番マルッとスネアのロールが出てくるリズムになってい
ます。ロールの際に音が途切れないように気をつけて叩い
てください。二番からはハイハットが16分になります
が、うるさくならないように丁寧に刻みましょう。最後サ
ビにライドに行く所は曲のピークですのでエモさ全開で、
だけど丁寧に、泣けるドラムを叩いてほしいです。

178

180

182

184

185

186

188

190

192

本当のこと

作詞・作曲　竹田昌和

竹田昌和（Vo & Gt）
優しく力を抜いてスッと音を出してください。ゴーストの音を出しすぎないのがアダルトです◎

吉田健二（Gt）
バラードでスライドバーするなんてドMです。ピッチが外れないようによく練習しましょう。緩やかにビブラートさせるのもアリです。右手は指で弾いてあげると○です。

藤井浩太（Ba）
夢屋敷と同じく、音を長く弾くイメージで弾きましょう。1，3拍目の音を、2，4拍目の頭ギリギリまで伸ばしましょう。

林山拓斗（Dr）
一番のサビまではリムショットをせずに歌に寄り添うように叩きます。サビに入ってからはバンドを引っ張るイメージでしっかりリズムを出していきましょう。この曲は必ずゴーストノートを入れて叩いてください。難しいリズムですがゴーストが入らないと味が出てこないです。

194

196

198

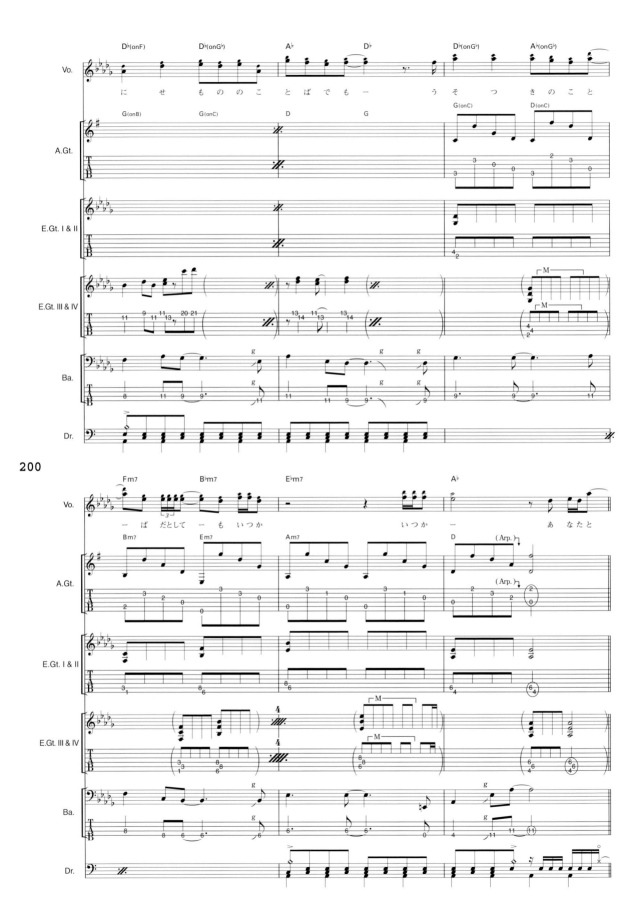

200

202

ウソツキ
OFFICIAL SCORE BOOK
惑星 TOKYO

Vocal.Guitar：竹田昌和
Drums：林山拓斗
Bass：藤井浩太
Guitar：吉田健二

All Musics, Lyrics by 竹田昌和
Arranged by ウソツキ
Sound Produced by ウソツキ & 木崎賢治（BRIDGE INC.）

Cover Design & Inner Design（P.01-33）：須藤 仁・須藤 俊・臼井桃子（HUESPACE）
Photographer：山野浩司
Off shot Photographer：大花真史
Retoucher：根津鉄平（VONS Pictures）
Hair & Makeup：井上祥平（nude.）

スコア採譜：北郷 真（RGS）
楽譜制作＆DTP：高瀬千恵子・関谷ひろ美・瀬畑奈々恵・田中美紀（株式会社ライトスタッフ）

《付録 DVD》
Studio Session "惑星 TOKYO"
Recording：岡崎秀俊
Mix：中村太樹
Recording at EVE Studio
撮影・編集：水島英樹・矢澤美希（七五三デーズ）

Special thanks to：
UK.PROJECT，新井千絵（badmusic），高木小夜子・古賀友佳子（Nonet），
塚原 聡（voque ting），大森 洋（trinity artist），岩井健郎（EVE Studio），
江口 亮（FABRIK），尾方茂樹，マジックスパイス下北沢，chambre

監修 & Manager：品田ちひろ（BRIDGE RECORDS & AGENCY INC.）

協力：株式会社あきない

発行日：2017年5月25日

発行所：株式会社　周地社
　　　　東京都文京区本駒込 5-4-1-2B　電話 03-5319-1800

印刷：三晃印刷株式会社

日本音楽著作権協会（出）許諾　第1704926-701号

定価（本体3,000円＋税）
ISBN978-4-86208-004-2 C0073　Printed in Japan